包慧卿著

文史哲學集成

唐代對西域之經營

文史哲出版社印行

國家圖書館出版品預行編目資料

唐代對西域之經營 / 包慧卿著. -- 初版 --
臺北市：文史哲, 民 76
面；　公分 --（文史哲學集成；167）
ISBN 978-957-547-373-0（平裝）

文史哲學集成　167

唐代對西域之經營

著　者：包　慧　卿
出版者：文　史　哲　出　版　社
http:// www.lapen.com.tw
e-mail：lapen@ms74.hinet.net
登記證字號：行政院新聞局版臺業字五三三七號
發行人：彭　正　雄
發行所：文　史　哲　出　版　社
印刷者：文　史　哲　出　版　社
臺北市羅斯福路一段七十二巷四號
郵政劃撥帳號：一六一八〇一七五
電話886-2-23511028・傳真886-2-23965656

實價新臺幣二五〇元

一九八七年（民七十六）八月初版

ISBN 978-957-547-373-0　　00167

序言

余就讀於珠海書院文學歷史研究所，受業於所長羅香林教授及陳直夫教授，因此對中國歷史，深感興趣，承陳直夫教授之指導，研究中國邊疆歷史問題，因此致力於尋找學術資料之新發現，以充實對中國邊疆史料之研究，惟觀有關史籍所載，多有差異，自不敢遽加論斷。中國疆域遼闊，氏族龐雜，自古以來諸夏卽不斷與蠻夷戎狄相爭抗，經長期交往，中國形勢爲之動盪。尤以有唐一代，華夷接觸頻繁，因此開化夷狄，滙納百流，混同離異，形成光輝盛世。

余研究中國邊疆問題，玆擬從唐代對西域之經營加以論述，此文共分七章：第一章、唐初與突厥之關係；第二章、高宗、中宗時代對西域之經營；第三章、唐與後期突厥之關係；第四章、唐與吐蕃、大食之關係；第五章、唐與西南、北邊諸國之關係；第六章、唐在西域之後期情況；第七章、唐時西域之文明。此七章項目，可分獨立題目來研究，惟限於部分參考資料之缺乏，欲求其敍述完善殊覺困難。

本文參考書籍，多取自册府元龜、資治通鑑、新唐書及舊唐書。新唐書與舊唐書內之年份、史實等，常有彼此互異之處。至於册府元龜、資治通鑑等書，亦有不盡相符之處，各章中之年份，多以資治通鑑爲依據。

本文之能夠完成，蒙陳直夫教授，時加鼓勵，并提供參考資料，自愧對中國邊疆歷史之研究，不夠廣博，加以參考資料不易搜集，誠恐錯漏之處極多，距離理想甚遠，深盼博雅君子有以匡正之。

唐代對西域之經營　目次

緒論

中國對西域之經營，歷兩漢、三國、兩晉、南北朝、隋至唐，唐代對西域之經營，較之西漢尤爲宏遠而徹底。唐之行政區，初分十道，後分十五道，如突厥、回紇、黨項、吐谷渾之別部，及自于闐以西、波斯以東之十六國，皆屬於隴右道，此足以證明當時西域與唐之內地政治系統，有條不紊。玆所述之西域，以玉門關以西之地方爲主，廣義之西域，包括天山南路、天山北路，葱嶺以西及葱嶺以東外，甚且延至印度等地區，但唐代所經營之西域進路，則以伊吾、高昌爲前哨，天山南路爲根據地方，向北面與西面進展。

唐代對西域之經營，其過程起自西突厥，唐初西突厥是中亞細亞之霸主，在西突厥之東，大漠南北有東突厥，而青海地方則有吐谷渾，皆與中國爲鄰，屢犯唐之邊境，尤以東突厥最爲橫暴。唐發展西域是有目的，一是擴張唐之疆域版圖；一是傳揚唐之文化，所以先滅東突厥，取漠南、漠北，但爲薛延陀所佔。繼平吐谷渾，又與吐蕃和親，乘西突厥內訌，而略有天山南路之高昌諸國，至高宗時，先翦薛延陀勢力，次平西突厥，葱嶺以西諸國亦梯山度稱臣奉貢。武韋亂起，國威大損，突厥進犯，吐蕃、大食乘機與唐爭奪西域。玄宗繼位，置安西、北庭兩節度使以經營西域，勢力遠達裏海之南，後因安祿山叛亂，吐蕃取隴右，致使唐與西域交通受阻。至中宗時，雖嘗恢復河西、隴右，復開西域大道，惜有內亂，國基動搖，雖有收復西域之志，然力有未逮。

唐於經營西域時，最大之成就是中西通商，文化互相交流傳播，對於後世及社會文化之發揚具極大之貢獻。玆便於闡述起見，計分七章：第一章、唐初與突厥之關係；第二章、高宗、中宗時代對西域之經營；第三章、唐與後期突厥之關係；第四章、唐與吐蕃、大食之關係；第五章、唐與西南、北邊諸國之關係；第六章、唐在西域之後期情況；第七章、唐時西域之文明。玆分別概述如下：

第一章主要論述，東突厥之唐室最大之外敵，高祖爲了要消除東突厥之禍患，因此高祖與西突厥約定於武德五年（西元六二二年），雙方合兵攻東突厥，遂產生突厥勢力之轉移。唐太宗貞觀四年（西元六三〇年），東突厥內部分裂，國勢漸衰，太宗遣軍攻滅東突厥。觀其滅亡原因有三，一是東突厥頡利可汗對胡人極信任，因此有趙德言之亂政；二是鐵勒部薛延陀叛變，國勢衰落，對唐之侵略停頓下來，遂給與唐反擊機會；三是東突厥內亂，東突厥頡利可汗（始畢可汗之弟）與突利可汗（始畢可汗之子），發生衝突，唐乘機拉攏突利可汗，與之結爲兄弟，以致頡利可汗懷疑，不敢作戰。唐太宗貞觀三年（西元六二九年），東突厥突利可汗率衆奔唐，這一來東突厥之實力大爲減少，東突厥滅亡後，殘餘部落有北附薛延陀及西奔西域，或投降唐室。

西突厥之衰亂，是由分裂所造成的，西突厥在射匱可汗時代，國勢甚强，至統葉護可汗立，國勢益强，當時西突厥疆土，西拒波斯，南接罽賓，東與東突厥對峙。唐太宗貞觀二年（西元六二八年），統葉護可汗被其伯父莫賀咄侯所殺，莫賀咄侯自立爲屈利俟毗可汗，國人不服，弩失畢部立統葉護可汗子爲乙毗鉢羅肆葉護可汗，於是西突厥始有兩可汗，因此發生內鬨，後乙毗鉢羅肆葉護可汗擊敗屈利可汗，西突厥復歸統一。

唐太宗貞觀十二年（西元六三八年），西突厥再分裂，緣自沙鉢羅咥利失可汗將西突厥分爲十姓部落，自此以後，十姓之五咄陸部與五弩失畢部，常自擁可汗，互相對峙。太宗貞觀十六年（西元六四二年），乙毗咄陸可汗滅吐火羅，西突厥又合而爲一，後西突厥被乙毗咄陸可汗之葉護阿史那賀魯併吞。

由唐太宗至高宗初，前後共二十餘年，爲西突厥極混亂時期，唐利用此機會取天山南路，並翦除薛延陀勢力，更乘機收撫鐵勒十一部。唐向天山南路發展，始於太宗貞觀四年（西元六三〇年），招撫伊吾，以其地置西伊州，後改伊州，自此，唐之勢力伸展入西域。高昌地處西域各國入唐必經之路，唐征服高昌後，太宗於其地置西州都督府，其後討伐焉耆，置焉耆都督府。高宗顯慶三年（西元六五八年），征討龜茲後，於其地置龜茲都督府，復移安西都護府於龜茲，並將西突厥之屬國，如疏勒、于闐、喝盤陀安撫，於是天山南路，盡在唐勢力範圍之內。

第二章所述，高宗、中宗兩時代，是唐在西域之極盛時期。唐高宗永徽二年（西元六五一年），阿史那賀魯擁部衆西走，重新統一西突厥東西兩部，並迴兵入寇唐。西突厥阿史那賀魯既反，高宗乃三次命將往征討之，第一次於高宗永徽二年（西元六五一年），大破阿史那賀魯，收復北庭；第二次是永徽六年（西元六五五年），本可一舉而消滅阿史那賀魯，惟副總管王文度不敢戰，結陣自固，貽害戰局；第三次分南北兩路征討阿史那賀魯，南路以阿史那彌射、阿史那步眞，自西州進兵，北路由蘇定方率兵，自金山進兵，南北兩路期會於雙河，阿史那賀魯被征服後，西突厥乃告平定。唐聲威藉此遠播西域，於是葱嶺以西，西突厥之屬國，皆內附於唐室，唐將內附之諸國，以地理環境，分爲四大區域：一、帕米爾高原區；二、錫爾河以南至阿姆河區；三、阿姆河以南區；四、印度河恆河流域區。因此，唐之疆土廣大，超逾兩漢時之西域領土，唐治理西域政策，除採用漢之方法外，最重要者爲府州之設置，安西大都護府及北庭大都護府之設置，均爲唐用以爲統治西域之權力中心。

第三章述唐自西突厥亡後，取去西域之統治權，但西域諸部落英雄輩出，時與唐爭奪西域之覇權。唐高宗繼位後不久，西突厥餘衆叛亂，如西突厥之眞珠葉護，見阿史那賀魯已亡，欲來與唐爭西域。高宗調露元年（西元六七九年），阿史那都支與李遮匐連合吐蕃，侵逼安西，反叛唐，其後有突騎施部、車鼻施部等與唐對峙。則天后時，東突厥强盛，滅突騎施部，併葛邏祿三姓，及西突厥十姓部落，擾攘天山北路，因此唐立回紇酋長骨力裴羅爲懷仁可汗，用以對付東突厥，玄宗天寶四年（西元七四五年），回紇殺東突厥之白眉可汗，滅阿史那王朝，並佔其地。

第四章述唐與吐蕃、大食之關係。唐太宗時，吐蕃之勢力佔有今之西康省，兼併吐谷渾，東犯隴右，西侵西域，屢與唐軍交戰，是唐西邊之大彊患，然唐與吐蕃文化，藉此而溝通。共分四階段：第一階段，始於玄宗永徽元年（西元六五〇年），棄宗弄讚卒；第二階段，則天后聖曆二年（西元六九八年），吐蕃內訌；第三階段，玄宗時期，開元十年（西元七二二年），吐蕃伐勃律國；第四階段，玄宗開元二十五年（西元七三七年），崔希逸攻吐蕃。

唐高宗永徽二年（西元六五一年），大食始通中國，唐高宗中葉以後，吐蕃在天山南路勢力强盛，隴右不安，無暇顧及葱嶺以外諸國，因此諸國被大食壓迫，大食乘勢佔據阿姆河、錫爾河附近各部族。至唐玄宗時，國威復振，阿姆河、錫爾河一帶諸國始解除大食之佔領。

惜高仙芝在怛羅斯一役敗北，諸國復附於大食，而唐之兵馬亦絕跡於葱嶺外。

第五章，薛延陀本臣屬於突厥，叛突厥後强大，唐太宗時，與之共圖東突厥頡利可汗。太宗貞觀十五年（西元六四一年），因唐封李思摩爲突厥可汗，眞珠毗伽可汗以二十萬兵渡漠南擊李思摩，後被唐擊敗。太宗貞觀十九年（西元六四五年），其子多彌可汗乘唐伐高麗而南侵，被唐軍大敗於夏州。太宗貞觀二十年（西元六四六年），李世勣滅薛延陀。

薛延陀亡後，鐵勒部之回紇興起。唐太宗貞觀元年（西元六二七年），曾與薛延陀破東突厥。安史亂起，唐借回紇兵以平叛亂，可見其勢之盛。唐文宗開成五年（西元八四〇年），黠戛斯乘回紇衰落，出兵攻打回紇，其部衆分三支入居天山南路。

唐高祖、太宗時，屢次跟吐谷渾交戰。唐太宗貞觀十三年（西元六三九年），吐谷渾諸曷鉢入朝，太宗妻以弘化公主，自此後吐谷渾歲歲遣使朝貢。高宗龍朔三年（西元六六三年），吐蕃發兵擊吐谷渾，大破之。高宗咸亨元年（西元六七〇年），吐谷渾之地，盡爲吐蕃所佔。

党項以拓拔氏爲最强，唐太宗貞觀三年（西元六二九年），酋長細封步賴率衆內附，唯拓拔赤辭，拒不歸附唐，其後唐數次派人招撫，於是拓拔赤辭率衆內附。唐高宗時，吐蕃强盛，党項故地陷於吐蕃。

第六章、唐自高仙芝在怛羅斯一役敗北後，唐之聲威受損。中亞一失，則天山南路，天山北路動盪不安，葱嶺以西爲大食所控制，天山南路爲吐蕃之勢力，加之漠北回紇、黠戛斯部衆興盛，天山北路遂爲彼等爭奪目標，唐因吐蕃在後方猖獗，西域力量漸由吐蕃代替。

唐在西域衰落，亦因內亂所造成，唐玄宗天寶十四年（西元七五五年），安史亂起，西域空防，吐蕃乘機入侵，陷隴右各州縣。吐蕃入犯長安，中原通西域道路受阻，音訊不通，達十餘年。唐德宗貞元六年（西元七九〇年），安西、西州爲吐蕃所佔，唐曾聯黠戛斯以制之，惜未能成功。

第七章所述是唐代文化交流之重點，唐代興盛，版圖擴張，取天山南路，平西突厥，商路暢通，東西交往遠至中亞細亞、波斯、天竺等地，並在天山南路四鎮設置征收商稅機構。吐蕃陷隴右，交通中斷，但商人繞道回紇，繼續與唐貿易。

由於中西貿易關係，唐代文化傳於西域，因此西域人仰慕中國，華化甚盛，哥舒翰好讀左氏春秋及漢書，從近代新疆出土文物，唐代文獻，數量甚多，如佛典，經史詩文之斷片，道教典籍等卽其證明，唐時西域之文化受唐影響最深，所譯經典甚多，此外，中國之養蠶術、造紙術及印刷術亦傳於西域。

西域文化東傳入唐，有天竺學術、音樂、舞蹈、熬糖法及棉花。天竺學術有曆法、占星術、醫術、眼科。西域傳入唐之音樂有：西涼樂、龜茲樂、高昌樂、天竺樂等。西域宗教之東傳，最盛者爲佛教，繼此傳入者爲：祆教、摩尼教、景教、伊斯蘭教。

唐時之西域，在軍事上是各族爭雄，互顯身手，在貿易文化上是有無相濟，彼此交流。唐代在中國歷史上是一個燦爛的朝代，雖然爲時不過二百八十八年，而其對於中西文化及民族各方面之影響極深。

第一章　唐初與突厥之關係

突厥爲漢代匈奴族系之後代，姓阿史那氏，世居金山（註一）之南面，爲柔然（註二）之鐵工。金山形似兜鍪，俗呼兜鍪爲「突厥」，因以爲號。（註三）隋末唐初，東、西突厥同趨於極盛，契丹、室韋、吐谷渾、高昌等都臣服於它；連唐高祖李淵也依靠突厥之勢力對抗隋煬帝。東突厥對中國採取分化政策，對隋末羣雄，如劉武周、梁師都等，借兵給他們對抗唐師，所以東突厥是唐室最大之外敵。唐高祖爲了要解除東突厥之禍患，對西突厥極爲籠絡，唐高祖武德三年（西元六二〇年），唐室與西突厥約定於高祖武德五年（西元六二二年）冬，雙方合兵進攻東突厥，遂產生突厥勢力之轉移。

第一節　突厥勢力之轉移

㈠ 東突厥之滅亡

隋文帝時，突厥之政治，尚未達到中央集權制，只是分邦自治。其最高領袖爲大可汗，大可汗統治小可汗，各小可汗統理自己之地域及軍事，名義上是服從大可汗指揮，實際上是分權獨立制。大可汗沙鉢略以外，尚有三個最具勢力之小可汗，一是西面可汗達頭，爲沙鉢略大可汗從父，自其父室點密可汗起，卽爲西面可汗，與大可汗沙鉢略分庭抗禮，在諸小可汗中勢力最强。一是阿波可汗，爲木杆可汗之子，據突厥西北部。一是處羅侯可汗，爲沙鉢略大可汗之弟，據突厥東部。三人均與沙鉢略大可汗不協，因此長孫晟於隋文帝開皇元年（西元五八一年）上書文帝，獻離間突厥之計策。

隋文帝採納長孫晟之建議，首先拉攏達頭可汗，派太僕元暉賜達頭可汗「狼頭纛」，那是一種突厥大可汗才可使用之旗幟。其後於歡宴突厥可汗使者時，故意把達頭可汗使者之席次排在沙鉢略大可汗使者之上，自此沙鉢略大可汗與達頭可汗發生嫌隙。繼而長孫晟又設計離間阿波可汗與沙鉢略大可汗之感情，結果阿波可汗於隋文帝開皇三年（西元五八三年）西奔達頭可汗，達頭可汗以兵助阿波可汗攻打沙鉢略大可汗之軍隊，自此突厥正式分裂爲東西二國，隋朝離間突厥之政策，使突厥一分爲二，應歸功於長孫晟之洞悉敵情及巧妙地運用計策。

東、西突厥分裂後，內亂卽起，東突厥於隋文帝開皇五年（西元五八五年）爲隋之藩屬。

隋文帝開皇七年（西元五八七年），沙鉢略可汗死，其弟處羅侯可汗繼立，擒阿波可汗。隋文帝開皇八年（西元五八八年），處羅侯可汗死，傳位於沙鉢略可汗之子，是爲都藍可汗。至隋文帝開皇十七年（西元五九七年），隋以宗女安義公主出嫁都藍可汗之弟突利可汗，都藍可汗一怒之下與隋絕交。隋文帝開皇十九年（西元五九九年），都藍可汗與西突厥之達頭可汗合攻其弟突利可汗，突利可汗兵敗，隨長孫晟入朝，被隋封爲意利珍豆啟民可汗。同年，都藍可汗被其部下所殺，啟民可汗部下招慰都藍可汗部衆；隋文帝仁壽三年(西元六〇三年)，西突厥發生內亂，達頭可汗出奔吐谷渾，啟民可汗接管達頭可汗之殘餘部衆，正式成爲突厥大可汗。

隋煬帝大業五年（西元六〇九年），啟民可汗死，其子咄吉嗣立，是爲突厥之始畢可汗，對隋仍表忠順。後隋煬帝用裴矩分化突厥之建議，以宗女嫁始畢可汗之弟叱吉設，並封叱吉設爲南面可汗，叱吉設不敢接受，始畢可汗聞而漸怨隋，又恨裴矩誘殺其寵臣史蜀胡悉，乃於隋煬帝大業十一年（西元六一五年），開始叛亂。其年八月戊辰始畢可汗率騎十餘萬，乘隋煬帝北巡，圍煬帝於雁門（註四），當時情勢危殆，幸隋義成公主（註五）遣使詐稱北邊有警，促始畢可汗回師。九月，雁門之圍始解，其時隋內部亂象畢露，不久便告覆亡，更給予突厥一個極好之發展機會。

西突厥自達頭可汗逃奔吐谷渾後，分爲兩個勢力：一是泥撅處羅可汗，居伊犂河流域；一是射匱可汗（註六），據西突厥西部。隋室以婚姻爲誘餌，勸射匱可汗背叛處羅可汗。隋煬帝大業七年（西元六一一年），射匱可汗擊敗處羅可汗，處羅可汗率衆千人奔隋，煬帝賜號爲曷薩那可汗，射匱可汗遂取得西突厥可汗之地位。到隋滅亡時，東、西突厥同趨極盛。

唐朝初年，中原喪亂，中國百姓往東突厥避難者衆多。其時東突厥內部太平，領土甚廣，東至契丹、室韋（註七），西盡吐谷渾、高昌（註八）諸國，皆役屬焉，控弦之士且百萬，北狄之盛，古未有也。高視陰山，有輕中夏之志。隋末割據各地之羣雄如竇建德（在今河北東部）、劉武周（在馬邑）、梁師都（在朔方）、王世充（在洛陽）、薛舉（在金城）、李軌（在武威）、高開道（在河北）等，均向其稱臣，欲借其力而謀天下。

唐高祖李淵起義於太原，遣大將軍府司馬劉文靜聘于始畢，引以爲援。始畢遣其特勤康稍利等獻馬千匹，會于絳郡，又遣二千騎助軍，從平京城。及高祖卽位，前後賞賜，不可勝紀。始畢自恃其功，益驕踞，每遣使者至長安，頗多橫恣，高祖以中原未定，每優容之。（註九）唐高祖武德二年（西元六一九年），始畢卒，其子什鉢苾以年幼不堪嗣位，立爲泥步設，使居東偏，直幽州之北，立其弟俟利弗設，是爲處羅可汗。唐高祖武德三年（西元六二○年），處羅卒，義成公主以其子奧射設醜弱，廢而不立，遂立處羅之弟咄苾，是爲頡利可汗。後立始畢可汗之子什鉢苾爲突利可汗。

「頡利初嗣立，承父兄之資，兵馬强盛，有憑陵中國之志。高祖以中原初定，不遑外略，每優容之，賜與不可勝計，頡利言辭悖傲，求請無厭。」（註一〇）

唐高祖武德九年（西元六二六年），太宗李世民即位不久，東突厥之最高可汗頡利與其姪突利可汗（註一一），因梁師都之勾引，又領兵入侵，大軍抵達長安西北渭水之便橋。唐太宗李世民冒險親到渭水，與頡利可汗訂盟，並啗以金帛，突厥才退，這是唐室對東突厥最後之屈辱。

頡利可汗對胡人極信任，這也是造成東突厥滅亡原因之一。唐太宗貞觀元年（西元六二七年），初，突厥性淳厚，政令質略。頡利可汗得華人趙德言，委用之。德言專其威福，多變更舊俗，政令煩苛，國人始不悅。頡利又好信任諸胡而疏突厥，胡人貪冒，多反覆，兵革歲動；會大雪，深數尺，雜畜多死，連年饑饉，民皆凍餒。頡利用度不給，重斂諸部，由是內外離怨，諸部多叛（原臣屬於東突厥的鐵勒部落薛延陀叛變），兵浸弱（註一二）。侍臣請太宗擊之，太宗以乘人之危，背信不許。直至唐太宗貞觀三年（西元六二九年），八月，代州都督張公謹上言突厥可取之狀，以爲「頡利縱欲逞暴，誅忠良，暱姦佞，一也。薛延陀等諸部背叛，二也。突利、拓設、欲谷設皆得罪，無所自容，三也。塞北霜，糇糧乏絕，四也。頡利疏其族類，親委諸胡，胡人反覆，大軍一臨，必生內變，五也。華人入北，其衆甚多，比聞所在嘯聚，保據山險，大軍出塞，自然響應，六也（註一三）。唐太宗以突厥頡利可汗既請和親，復援梁師都，命分四路兵討之：一、以幷州都督李世勣爲通漢道行軍總管，二、兵部尚書李靖爲定襄道行軍總管，三、華州刺吏柴紹爲金河道行軍總管，四、靈州大都督薛萬徹爲暢武道行軍總管，衆合十餘萬，皆受李勣節度，分道出擊突厥，十二月，戊辰，突厥突利可汗來投唐室。

東突厥因內部分裂，國勢漸衰，對唐的侵略漸停頓下來。唐太宗貞觀四年（西元六三〇年），正月，李靖進屯惡陽嶺，夜襲定襄（註一四），頡利驚擾，因徙牙於磧口，胡酋康蘇密等遂以隋蕭后及楊政道來降。二月，頡利計窘，竄于鐵山，兵尚數萬，使執失思力入朝謝罪，請舉國內附。太宗遣鴻臚卿唐儉、將軍安修仁持節使安撫之，頡利稍自安。靖乘間襲擊，大破之，遂滅其國。頡利乘千里馬，獨騎奔于從姪沙鉢羅部落（在靈州西北）。三月，行軍副總管張寶相率衆奄至沙鉢羅營，生擒頡利送于京師（註一五）。太宗數其罪而赦之，授右衞大將軍，賜以田宅。

突厥亡後，其部落或走薛延陀，或奔西域，其降唐者尚十餘萬口。詔群臣議區處之宜：一、朝臣主張遷突厥於河南兗、豫之間，使漸化爲齊民。二、中書侍郎顏師古主張遷於河北。

三、禮部侍郎李百藥主張置其衆於定襄。四、夏州都督竇靜主張使仍居塞外。五、魏徵主張與竇靜相同，不可使突厥居內地。六、最後，唐太宗接納溫彥博之建議，分其部落，散居州縣，敎以耕織，化爲齊民。東自幽州（今河北大興縣一帶），西至靈州（今寧夏靈武縣）；分突利所統治之地，置順、化、祐、長四州都督府；又分頡利之地爲六州（一、北開，二、豐，三、北寧，四、北撫，五、北安）。左置定襄都督府（今寧夏寧歟縣），右置雲中都督府（治朔方），以統其衆，並以突利爲順州都督，頡利爲右衞大將軍，此外東突厥諸酋長委爲將軍，允許突厥人入居長安，東突厥之患，暫時解決，右臂威脅解除，唐便開始經營西域。

(二) 西突厥之衰亂

西突厥自射匱可汗於隋煬帝大業七年（西元六一一年）時，逐處羅可汗（即曷薩那可汗）取得領袖地位後，國勢甚强。唐高祖武德元年（西元六一八年），射匱可汗死，其弟統葉護可汗繼立，國勢益國。統葉護可汗，勇而有謀，善攻戰。遂北幷鐵勒，西拒波斯（註一六），南接罽賓（註一七），悉歸之，控弦數十萬，覇有西域，據舊烏孫之地。又移庭於石國北之千泉（註一八）。其西域諸國王悉授頡利發，幷遣吐屯一人監統之，督其征賦。西戎之盛，未之有也（註一九）。

當時適值東突厥極盛時期，如果不受西突厥之牽制，對唐室之威脅必然更大。唐高祖對西突厥甚爲籠絡，約其於武德五年（西元六二二年）冬，聯兵共擊東突厥，統葉護可汗許之；東突厥頡利可汗聞之懼，復與西突厥通和。未幾統葉護可汗遣使求婚，唐欲行「遠交近攻」之策，准其所請，派高平王道立至其國，統葉護可汗大悅。但因頡利可汗屢次派兵斷西突厥通唐之道路，故通婚不成。

唐太宗貞觀二年（西元六二八年），西突厥統葉護可汗，被其伯父莫賀咄俟所殺，莫賀咄俟自立爲屈利俟毗可汗，國人不服，弩矢畢部更立在康居逃亡統葉護可汗之子咥力特勤爲乙毗鉢羅肆葉護可汗，於是始有兩可汗，互相攻擊，殺伐不已。太宗貞觀四年（西元六三〇年），因爲肆葉護可汗是西突厥先世統葉護可汗之子，爲衆所附，莫賀咄可汗所部酋長多歸之，肆葉護可汗引兵攻莫賀咄，莫賀咄逃往金山爲泥熟設所殺，諸部共擁肆葉護爲大可汗，西突厥復統一。唐太宗貞觀六年（西元六三二年），七月，肆葉護可汗北擊薛延陀（在大漠北），爲薛延陀所敗，復加其性猜愎，聽信讒言，先誅非其族類之乙利可汗，又忌莫賀設之子泥孰，陰欲圖之，泥孰奔焉耆。設卑達官與弩矢畢二部攻之，肆葉護可汗走歿於康居，國人迎立弩矢畢部泥孰於焉耆而立之，是爲咄陸可汗。

咄陸可汗父莫賀設，本隸於統葉護可汗，唐高祖時來朝太宗（時爲世子），與莫賀設結爲盟兄弟。至太宗立，咄陸不敢稱可汗，唐太宗遣派劉善因冊立爲吞阿婁拔奚利邲咄陸可汗，賜以鼓纛，段綵巨萬，是爲大唐冊立西突厥可汗之始。太宗貞觀八年（西元六三四年），西突厥咄陸可汗卒，其弟同娥設立，是爲沙鉢羅咥利失可汗。

唐太宗貞觀十二年（西元六三八年），西突厥沙鉢羅咥利失可汗分其國爲十部，每部有酋長一人，各賜一箭，謂之十箭。又分十箭爲左、右廂，一廂管五箭。其左廂號五咄陸部（註二〇），置五大啜，居碎葉以東。右廂號五弩失畢部（註二一），置五大俟斤，居碎葉以西。合稱十姓部落，爲西突厥十個政治區域。自此以後，五咄陸部與五弩失畢部，常自擁可汗，互相對峙。沙鉢羅咥利失可汗失衆心，被其臣統吐屯所襲，與其弟步利設逃於焉耆，統吐屯立欲谷設爲大可汗，但被人所殺，欲谷設亦兵敗，沙鉢羅咥利失可汗光復故地。不久，西部欲谷設爲乙毗咄陸可汗，與沙鉢羅咥利失可汗大戰，殺傷甚衆。並分其地，自伊列水（伊犂河），以西屬乙毗咄陸可汗；以東屬沙鉢羅咥利失可汗，西突厥又分爲二。

唐太宗貞觀十三年（西元六三九年），西突厥咥利失可汗之臣俟利發與乙毗咄陸可汗通謀作亂，將沙鉢羅咥利可汗迫逐於拔汗那（註二二）而死，弩失畢部迎立其弟伽那之子薄布特勤爲乙毗沙鉢羅葉護可汗，建庭於睢合水北（註二三），謂之南庭，自龜玆、鄯善、且末、吐火羅、焉耆、石國、史國、何國、穆國、康國等皆附之。乙毗咄陸可汗建庭於鏃曷山西（

二四），謂之北庭，自厥越失（註二五）、拔悉彌、駁馬、結骨、火燖、觸水昆等國皆附之，以伊犁河爲界。（註二六）

唐太宗貞觀十五年（西元六四一年），西突厥西部之沙鉢羅葉護可汗與東部之乙毗咄陸可汗互相攻擊，乙毗咄陸可汗勢力强大，西域諸國多附之。不久，乙毗咄陸可汗使石國吐屯擊沙鉢羅葉護可汗，擒之以歸，殺之，弩失畢部叛去。唐太宗貞觀十六年（六四二年），乙毗咄陸可汗滅吐火羅（註二七），西突厥又合而爲一，勢力益强，於是乃圖謀西域。弩失畢部不服乙毗咄陸可汗，乃遣使來朝，求册立新可汗。唐乃册立莫賀咄乙毗可汗之子爲乙毗射匱可汗。乙毗射匱可汗既立，發兵攻乙毗咄陸可汗，乙毗咄陸可汗兵敗，出奔吐火羅。乙毗射匱可汗於太宗貞觀二十年（西元六四六年），貢方物，且求婚，太宗允之，令割龜茲、疏勒、于闐、朱俱波、葱嶺（喝盤陀），五國爲聘禮，婚未成，乙毗射匱可汗被阿史那賀魯所併。

原來阿史那賀魯爲乙毗咄陸可汗之葉護，居於多邏斯（註二八），乙毗咄陸可汗奔吐火羅後，阿史那賀魯亦被乙毗射匱可汗壓迫不能安居。乃於太宗貞觀二十二年（西元六四八年）四月率衆求內屬，始置瑤池都護府，屬於安西都護府，以賀魯爲瑤池都督，處其衆於庭州莫賀城（註二九）。唐高宗卽位（西元六五〇年），進拜左饒衞大將軍，瑤池都護如故。由唐太宗至高宗初，前後共二十餘年，爲西突厥極混亂時期，唐利用此機會取天山南路，並翦除薛延陀勢力，更乘勢收撫鐵勒十一部。

【附　註】

註　一　今之阿爾泰山。

註　二　屬鮮卑族。

註　三　隋書卷八十四　列傳第四十九　北狄　突厥傳。

註　四　今山西代縣。

註　五　那時義成公主已順從胡俗，改嫁始畢可汗。

註　六　射匱可汗是達頭可汗之孫，處羅可汗之叔父。

註　七　現今中國東北一帶。

註　八　今新疆東南部及青海北部。

註　九　舊唐書卷一百九十四上　列傳第一百四十四上　突厥傳上。

註一〇　同右。

註一一　即什鉢苾，始畢可汗之子。

註一二　資治通鑑卷一百九十二　唐紀八　太宗貞觀元年（六二七）。

註一三　資治通鑑卷一百九十二　唐紀八　太宗貞觀三年（六二九）。

註一四　定襄是東突厥頡利可汗所在地，今綏遠歸綏縣南。

註一五　舊唐書卷一百九十四上　列傳第一百四十四上　突厥傳上。

註一六　波斯，今之伊朗。

註一七　罽賓，今印度克什米爾 Kashmir 一帶地方。

註一八　千泉，今蘇聯呾邏斯河 Talass 東沿岸之 Aulie-ata 附近。

註一九　舊唐書卷一百九十四下　列傳第一百四十四下　突厥傳下。

註二〇　五咄陸部：一、處木昆律啜，二、胡祿居闕啜，三、攝舍提暾啜，四、突騎施賀邏施啜，五、鼠尼施處平啜。

註二一　五弩失畢部：一、阿悉結俟斤，二、哥舒闕俟斤，三、拔塞幹暾沙鉢俟斤，四、阿悉結泥孰俟斤，五、阿舒虛半俟斤。

註二二　拔汗那在今費爾干那 Ferghana。

註二三　新唐書作雖合水，西域圖志卷二六考訂爲熱海 Issyk Koul 東北之一大水，方位尚未定。

註二四　鏃曷山位置未詳。

註二五　厥越失應視爲一種民族名，然此名不見他書，似有脫訛。拔悉彌非西元七二〇年之佔領北庭（奇臺附近）之拔悉密，所指恐別一處地域。駁馬卽遏羅文，在突厥之北，隨水草，喜山居，勝兵三萬。結骨卽黠戛斯，今之Kirgis，火燖不是昭武九姓火尋國。觸水昆是咄陸五部落，一名處木昆。均見沙畹著西突厥史料之考訂。

註二六　資治通鑑卷一百九十五　唐紀十一　太宗貞觀十三年（六三九）。

註二七　吐火羅爲葱嶺以西大國，今阿富汗及阿姆河一帶地方。

註二八　多邏斯川，今額爾齊斯河。

註二九　庭州莫賀城，今迪化阜康縣東一百九十里。

第二節　天山南路諸國之內屬

唐初，天山南路有一城五國。一城爲伊吾城；而五國乃高昌、焉耆、龜茲、疏勒、于闐。伊吾爲西突厥之嶺土，其餘諸國爲西突厥之屬國。唐太宗乘西突厥內亂，乃伸展其勢力於西域，將西域諸國次第收入版圖。

㈠ 伊州之設置

伊吾城（註一）爲漢宜禾都尉治所。商胡雜居。勝兵千人，人民驍悍，土地良沃。隋時內附，於漢城東築城爲伊吾郡。隋亡，爲胡人所據，附於西突厥。貞觀四年，歸化，置西伊州。六年，去「西」字。天寶元年，爲伊吾郡。乾元元年，復爲伊州。（註二）唐太宗貞觀四年（西元六三〇年）七月，太宗詔涼州（武威）都督李大亮爲西北道安撫大使，於磧口（註三）貯糧，賑給西突厥人之散在伊吾者。李大亮上疏曰：「今者招致突厥，雖入提封，臣愚稍覺勞費，未悟其有益也。然河西民庶，積禦蕃夷，州縣蕭條，戶口鮮少，加因隋亂，減耗尤多。突厥未平之前，尚不安業；匈奴微弱已來，始就農畝。若卽勞役，恐致妨損。以臣愚惑，請停招慰。……伊吾雖已臣附，遠在蕃磧，人非中夏，地多沙鹵。其自豎立稱蕃附庸者，請羈縻受之，使居塞外，必畏威懷德，永爲蕃臣，蓋行虛惠，而收實福矣」（註四）。

唐太宗貞觀四年（西元六三〇年）九月，伊吾城主石萬年，奉所屬七城來降，太宗以其地置西伊州，後二年改爲伊州，自此，唐室之勢力已伸展入西域。其後驅逐鐵勒（薛延陀）盤踞這個地方，伊州之設置，證明是通往西域之咽喉部，確保將來向西方發展之進取。

二 高昌之征服

高昌本西漢車師前王之庭，東漢戊己校尉之故地，在京師西四千三百里，位天山之東，今新疆吐魯番縣一帶，地當西域各國入唐必經之路。

唐高祖武德二年（西元六一九年），伯雅卒，子文泰立，與唐親善，遣使入貢。但於太宗貞觀四年（西元六三〇年），對唐室態度突變，遏絕西域諸國來朝貢，並勾結西突厥，企圖攻擊請求內附之伊吾，其後又與西突厥乙毗設攻破焉耆（註五）。太宗遣使責之，文泰答曰：「鷹飛于天，雉竄于蒿，猫遊于堂，鼠安于穴，各得其所，豈不活耶！」又遣使告薛延陀曰：「既自爲可汗，與漢天子敵也，何須拜謁其使。」（註六）。是時薛延陀自請爲先鋒以伐高昌，太宗命唐儉北行與薛延陀共商進兵事宜。太宗復下璽書示文泰禍福，促使入朝，文泰遂稱疾不至。於是用兵之意遂決。

唐太宗貞觀十三年（西元六三九年），十二月，命吏部尚書侯君集爲交河道大總管，率左屯衞大將軍薛萬均及突厥、契苾之衆，步騎數萬衆往討高昌。文泰不以爲意，亦不戒備，亦謂其左右曰：「吾往者朝覲，見秦、隴之北，城邑蕭條，非復有隋之比。設今伐我，發兵多則糧運不給，若發三萬以下，吾能制之。加以磧路艱險，自然疲頓，吾以逸待勞，坐收其弊，何足爲憂也？」（註七）。太宗貞觀十四年（西元六四〇年），聞唐軍至磧口，悸駭無他計，發病死，子智盛立。太宗貞觀十五年（西元六四一年）八月，唐軍攻田地城（註八），契苾何力以前軍鏖戰，是夜星墜城中，明日拔其城，虜七千餘人。智盛致書侯君集請見赦，君集曰：「若能悔禍，當縛軍門也。」智盛不答應，君集命諸軍引衝車，飛石如雨，城中大震，智盛出城向唐投降。侯君集分兵略定，三州五縣，二十二城，戶八千，口三萬，馬四千四。唐於其地設置西州，並置安西都護府，留兵鎮守。當唐軍攻高昌時，西突厥曾受文泰厚餉應來救，且葉護兵屯可汗浮圖城（註九），與高昌相呼應，至此也恐懼投降，唐將此地劃爲庭州。

(三) 焉耆之討伐

焉耆本漢之故國，唐時橫六百，縱四百里。東高昌，西龜茲，南尉犂，北烏孫。其王姓龍氏，名突騎支。常役屬於西突厥。

唐太宗貞觀六年（西元六三二年）七月，焉耆王龍突騎支始遣使來朝，自隋亂，磧路閉，西域朝貢皆取道高昌，突騎支請開大磧道（玉門關度白龍堆大沙漠往焉耆之道），以便行人，帝許之。高昌王大怒，發兵侵焉耆。太宗貞觀十二年（西元六三八年），高昌攻陷焉耆五城，掠千五百人，焚其廬舍。太宗貞觀十四年（西元六四〇年），侯君集討高昌，遣使與之相結，焉耆王大喜，請爲聲援。及破高昌，其王詣門稱謁。焉耆人先爲高昌所虜者，悉歸之。由是遣使謝恩，并貢方物。但不久，因西突厥重臣屈利啜爲其弟娶焉耆王之女爲妻，遂相約不朝貢。安西都護郭孝恪爲西川道總管，率兵於太宗貞觀十八年（西元六四四年）出銀山道（註一〇），以栗婆準爲鄉導進討焉耆。最初，焉耆王以都城地處近海水（博斯騰湖）中，故恃不爲虞。郭孝恪夜渡水撲城下，天曉鼓噪登城，鼓角轟哄，斬千餘級，執突騎支，令栗婆準攝國事。

唐軍在焉耆撤退三日後，西突厥屈利啜救兵至，囚栗婆準，更使吐屯攝王。遣使告太宗，太宗曰：「焉耆者，我兵擊得，汝何人，輒來統攝。」（註一一）吐屯懼而返國。焉耆立栗婆準從兄薛婆阿那支爲王，號瞎千。西突厥處般啜執栗婆準送龜茲殺之。其後唐兵討龜茲時擒薛婆阿那支，立突騎支弟婆伽利爲王，並以其地爲焉耆都護府。

(四) 龜茲之討伐

龜茲亦漢西域舊地，在高昌西，都伊邏盧城（註一二），其王姓白。唐高祖時，龜茲王蘇伐勃駃遣使入朝。其子蘇伐疊，號時健莫賀俟利發，於唐太宗貞觀四年（西元六三〇年）

獻馬，歲貢不絕，但同時也臣服西突厥。當安西都護郭孝恪伐焉耆時，龜茲遣兵助焉耆禦唐。

唐太宗貞觀二十一年（西元六四七年），蘇伐疊卒，其弟訶黎布失畢立，漸失臣禮，侵略鄰國。是年十二月，太宗以阿史那社爾（註一三）爲崑山道行軍大總管，契苾何力副之，率安西都護郭孝恪，司農卿楊弘禮，左武衛將軍李海岸等，發鐵勒十三部兵十萬及突厥、吐蕃、吐谷渾連兵討之。

唐太宗貞觀二十二年（西元六四八年），九月，庚辰，阿史那社爾率兵沿天山北路今之奇台、阜康西進，破處月、處密二部（西突厥屬部）。十月，阿史那社爾引兵由焉耆之西進至龜茲之北，焉耆王薛婆阿那支棄城奔龜茲，保其東境，阿史那社爾遣兵追擊擒而斬之，並立其堂弟先那準爲焉耆王。龜茲大震，守將多棄城走。社爾進屯磧石，距其都城三百里。先遣伊州刺史韓威帥千餘騎爲前鋒，左衛將軍曹繼叔次之，至多褐城。龜茲王訶黎布失畢，及其相那利，將羯獵顛，帥衆五萬拒戰。韓威引兵詐退，龜茲全軍追趕，行軍三十里復與繼叔軍合，龜茲軍懼欲退，繼叔乘之，龜茲大敗，逐北八十里。（註一四）。

龜茲軍大敗退回保伊邏盧都城，社爾進軍攻之，布失畢輕騎西走，社爾拔其城，使安西都護郭孝恪守之。沙州刺史蘇海政等率精騎追之，行六百里，布失畢逃撥換城（註一五）。旋社爾進軍圍攻，月餘始陷，擒布失畢及羯獵顛。其相那利潛引西突厥之衆及其國兵共萬餘人，突襲唐師，殺郭孝恪，但終爲唐師平定。社爾將布失畢送至京師，立其弟葉護爲王，西域震駭，諸國相率奉唐。

先是，太宗平龜茲時，移安西都護府於其國城，命郭孝恪爲都護，兼統于闐、疏勒、碎葉（焉耆）四鎮。唐高宗永徽元年（西元六五〇年），罷四鎮，仍以訶黎布失畢爲龜茲王，因龜茲內亂，酋長爭立，命訶黎布失畢返國撫其衆。永徽二年（西元六五一年）移安西都護府於高昌。高宗顯慶三年（西元六五八年）因布失畢妻與那利私通，君臣猜忌，各有黨羽，互來告難。高宗召之，囚那利，送布失畢歸國，龜茲東大將羯獵顛率兵拒之，仍遣使通西突厥沙鉢羅可汗，布失畢乃拒城自守不敢進。高宗詔左屯衞大將軍楊冑發兵討之，會布失畢卒，冑與羯獵顛戰，大破擒誅之，乃於其地爲龜茲都督府，遂立布失畢子素稽爲王，復移安西都護府於龜茲，以高昌爲西州都督府，於是天山南路，悉入於唐。

(五) 西突厥之附屬國

疏勒，漢時舊地也。今喀什噶爾，一曰佉沙，環五千里，多沙磧，少壤土，其人文身碧瞳，其王姓裴氏，自號阿摩支，居迦師城，貞觀中，西突厥以女妻之，勝兵二千人，俗事祅神。太宗貞觀九年（西元六三五年），遣使獻名馬，自是朝貢不絕。又四年，唐太宗貞觀十三年（西元六三九年）與朱俱波、甘棠貢方物。唐玄宗開元十六年（西元七二八年），其王裴安定被册立爲疏勒王。

于闐或曰瞿薩旦那，亦曰渙那，曰屈丹，北狄曰于遁胡曰豁旦。漢之戎盧、扜彌、渠勒、皮山故地。都西山城（註一六），勝兵四千，有玉河（註一七）出美玉。其王姓尉遲氏，名屈密，本臣於西突厥，唐太宗貞觀六年（西元六三二年），遣使獻玉帶。當阿史那社爾伐龜茲時，于闐王伏闍信大懼，遣其子獻駱駝三百犒軍，阿史那社爾命行軍長史薛萬備至其國招撫，伏隨入朝。唐高宗以右驍衛大將軍，又授其子葉護玷爲右驍衛將軍，賜袍帶，布帛六十段，撫慰有加。後以其地爲毗沙都督府。

朱俱波國，卽漢之子合國，亦名朱俱槃。並有西夜、蒲犂、依耐、得若四國地。在于闐西三千里，葱嶺北三百里，勝兵二千人，尙浮屠法，文字同婆羅門（註一八），卽今葉城一帶（註一九）。

喝盤陀（註二〇）或曰渴館檀，亦謂渴羅陀，治葱嶺中，都城負徒多河（註二一），勝兵千人，人勁悍，貌言如于闐（註二二），其法殺人剽刼者死。唐太宗貞觀九年（西元六三五年），遣使來朝。玄宗開元元年（西元七一三年）至開元二十九年（西元七四一年）時，破平其國，置葱嶺守捉，其地在今塔格敦帕米爾之蒲犂縣，成爲當時安西極西之邊戍，亦卽通天竺、大食等地重要之據點。

以上天山南路諸國原皆臣屬於西突厥、唐乘突厥內訌而進取之。且太宗所用以取諸國之士卒，多是突厥及鐵勒之健將，如契苾何力、阿史那社爾等，皆來自突厥及鐵勒之大英雄，所以唐太宗得他們之助，能將天山南路主要地域次第收入於唐版圖。東自伊吾（伊州）經高昌（西州）沿天山南麓直至蒲犂，亦即新唐書地理志中記載與西突厥平戰時必經道路之東段（註二三）。因唐時置伊州，西州列於內地州縣中；焉耆、龜玆、疏勒、毗沙四都護府列於羈縻府中，屬於安西都護府以轄領之。

【附　註】

註　一　伊吾城，今新疆哈密。

註　二　舊唐書卷四十　志第二十　地理三

註　三　磧口在甘肅，新疆兩省交界處。

註　四　舊唐書卷六十二　列傳第十二　李大亮

註　五　焉耆，今新疆焉耆縣。

註　六　舊唐書卷一百九十八　列傳第一百四十八　西戎　高昌傳。

註七　同右。

註八　田地城，今鄯善縣西南魯克沁。

註九　可汗浮圖城，今新疆孚縣北。

註一〇　銀山道在焉耆東三百里地。

註一一　舊唐書卷一百九十八　列傳第一百四十八　西戎　焉耆傳

註一二　伊邏盧城，今新疆庫車縣。

註一三　阿史那社爾是突厥處羅可汗之子，來降者。

註一四　資治通鑑卷一百九十九　唐紀十五　太宗貞觀二十二年（六四八）。

註一五　撥換城在今新疆阿克蘇縣。

註一六　西山城在今和闐縣治西。

註一七　玉河卽和闐河。

註一八　印度。

註一九　葉城在葉爾河東附近。

註二〇　渴盤陀，今新疆蒲犂縣。

註二一　據沙畹考證，徒多河係徙多河之誤。此河在佛經中有私陀、私多、私他、斯陀諸譯，乃Sita之對音。今葉爾羌河與塔里木河之梵名。

註二二　于闐即和闐。

註二三　唐通西突厥平戰時戰爭之道有三：第一道經天山南路之南道，由西州至焉耆，再至龜茲，到碎葉，亦即所謂南道。第二道經迪化、綏來、烏蘇、伊犂河而抵脫克馬克（Tokmak）。第三道始於沙爾、溯海都河至裕勒都斯河至伊犂河流域，新唐書未著其行經之地。

第二章　高宗、中宗時代對西域之經營

第一節　阿史那賀魯征討後之經營

唐太宗貞觀二十三年（西元六四九年）五月，太宗崩高宗立。高宗永徽二年（西元六五一年），正月，阿史那賀魯乘唐大喪，欲奪取西、伊二州時，庭州刺史駱弘義知其謀，上表陳言西突厥阿史那賀魯之計謀，高宗遣使馳往慰撫，並令其子咥運入宿衛，授右驍衛中郎將，旋遣歸。咥運乃說其父擁衆西走，擊破乙毗射匱可汗，併兼其衆，建牙於雙河（註一）及千泉。自號沙鉢羅可汗，統十姓部落，卽咄陸五啜，弩失畢五俟斤皆歸之，勝兵數十萬，與乙毗咄陸可汗連兵，處月、處密及西域諸國多附之（註二）勢力大振。是歲七月，命其子咥運（註三），入寇庭州（註四），又攻陷金嶺城（註五）及蒲類縣（註六），殺略數千人。阿史那賀魯既反，高宗乃三次命將往征討之。

第一次於高宗永徽二年（西元六五一年），唐高宗詔左武侯大將軍梁建方，右驍大將軍契苾何力爲弓月道行軍總管，右驍衞將軍高德逸，右武候將軍薛孤、吳仁爲副，發秦、成、岐、雍府兵三萬人及回紇五萬騎以討之。大破阿史那賀魯，收復北庭。是歲十二月，處月朱邪孤注殺招慰使單道惠，與西突厥阿史那賀魯互相勾結。

唐高宗永徽三年（西元六五二年），正月，癸亥，梁建方、契苾何力等大破處月朱邪孤注於牢山（註七），孤注夜遁，建方使副總管高德逸輕騎追之，行五百餘里，生擒孤注，斬首九千餘級。高宗永徽四年（西元六五三年），十二月，西突厥乙毗咄陸可汗卒，其子頡苾達度設號眞珠葉護，始與沙鉢羅可汗有隙，與五弩失畢共擊沙鉢羅，破之，斬首千餘級。

第二次征討西突厥，於唐高宗永徽六年（西元六五五年），五月，癸未，以右屯衞大將軍程知節爲蔥山道行軍大總管，以討西突厥沙鉢羅可汗。唐高宗顯慶元年（西元六五六年），八月，辛丑，程知節擊破西突厥，與葛邏祿、處月三部戰於榆慕谷，大破之，斬首千餘級。副總管周智度攻突騎施、處木昆等部於咽城（註八）。十二月，程知節引軍至鷹娑川（註九），遇西突厥二萬騎，別部鼠尼施等二萬餘騎繼至，前軍總管蘇定方擊鼠尼施部於鷹娑川斬獲甚衆。惟副總管王文度不敢戰，結陣自固，貽害戰局殊大。

第三次征討於唐高宗顯慶二年（西元六五七年），發軍分南北兩路討伐阿史那賀魯（沙鉢羅可汗)。北路以左屯衞將軍蘇定方爲伊麗道行軍總管，率燕然都護渭南任雅相，副都護蕭嗣業、左驍衞大將軍瀚海都督回紇婆閏等，率唐軍及回紇軍，由金山(註一〇)進兵；南路以阿史那彌射、阿史那步眞(註一一)爲流沙道安撫大使，自西州進兵，南北兩路期會於雙河。是歲十二月，蘇定方擊西突厥沙鉢羅可汗，至金山北，先擊處木昆部，大破之，其俟斤嬾獨祿等率萬餘將來降。蘇定方至曳咥河(註一二)西，阿史那賀魯統十姓兵十萬騎來拒戰，蘇定方以唐軍及回紇軍萬餘人擊之，阿史那賀魯欺蘇定方兵少，以全軍包圍之。蘇定方令步兵堅守南原，自率騎兵列陣北原。阿史那賀魯三攻不克，蘇定方乘勢圍攻，阿史那賀魯大敗，追奔三十里，斬獲三萬人，殺其大酋都搭達干等二百人。翌日，復勒兵再攻，胡屋祿等五弩失畢部來降。阿史那賀魯與處木昆屈律啜數百騎西走。時阿史那步眞出南道，五咄陸部聞阿史那賀魯敗，皆依附之。斯時大雪平地二尺深，軍中咸請蘇定方俟天晴再追阿史那賀魯。蘇定方料阿史那賀魯必藉大雪時而休息，若遲則追不可及，於是乃冒雪前進，至雙河與阿史那彌射、阿史那步眞合兵，距阿史那賀魯二百里佈陣，至金牙山(註一三)，見阿史那賀魯率部將出獵，蘇定方乘其不備，掩兵擊之，斬獲數萬人，得其鼓纛。阿史那賀魯及其子咥運、婿閻啜等逃渡伊犂河至石國蘇咄城，人馬飢乏，遣人齎珍寶入城市馬，城主沮達官詐以酒食出迎，誘其入執送唐軍，於是西突厥乃告平定。西突厥領土甚廣，自天山北路西達裏海之北，唐分其地爲濛池、崑陵二都護府，以阿史那彌射爲左衞大將軍，崑陵都護（註一四）興昔亡可汗，管理五咄陸部落；阿史那步眞（彌射族兄）爲右衞大將軍，濛池都護（註一五）繼往絕可汗，統治五弩失畢部落。至於原來阿史那賀魯所統理之多邏斯及他所役屬之西域諸國、西至波斯，皆設州府，一起置於安西都護府（註一六）的治下。

【附註】

註一　雙河，今博羅搭拉河（Borotal, R.）。

註二　資治通鑑卷一百九十九　唐紀十五　高宗永徽二年（六五一）。

註三　咥運在當時被其父阿史那賀魯立爲莫賀咄葉護。

註四　庭州，今孚遠縣北。

註五　金嶺城在今博格達坂。

註六　蒲類縣在今鎭西縣。

註七　牢山在今孚遠縣北。

註八　咽城，今額敏縣。

註九　鷹娑川，卽今焉耆北裕勒都斯河。

註一〇　金山，今之阿爾泰山。

註一一　阿史那彌射、阿史那步眞均爲西突厥人。

註一二　曳咥河在伊犂河之東。

註一三　金牙山，在博羅搭拉河流域。

註一四　在碎葉，卽吹河以東，管理東部五箭（五咄陸部落）。

註一五　在吹河西，管理西部五箭（五弩失畢部落）。

註一六　安西都護府（時設西域龜玆，今新疆庫車縣）。

第二節　葱嶺以西諸國之內屬

唐平西突厥阿史那賀魯後，威震中亞，於是西突厥之屬國，除裏海西北之可薩外，餘皆內附於唐室。葱嶺以西，內附之諸國，以自然地理區，可分爲四大區域。

(1)帕米爾高原區：有識匿、俱蜜、護蜜等國。

(2)錫爾河以南至阿姆河區：有西域昭武九姓及拔汗那國。

(3)阿姆河以南區：有吐火羅所屬諸國，及波斯國。

(4)印度河恆河流域區：有五天竺等國。

玆將諸國內附經過，分述如下：

帕米爾高原區：計有以下諸國：

識匿國：或曰尸棄尼、曰瑟匿，東距葱嶺守捉所（註一）五百里，南三百里屬護密，西北五百里抵俱密，初治苦汗城，後散居山谷，有五大谷，酋長自為治，謂之五識匿。地二千里，無五穀，人喜攻刼商賈，播密川（註二），四谷稍不用王號令。俗窟室以居。唐太宗貞觀二十年（西元六四六年）與似沒、役槃二國使者偕來朝。唐玄宗開元十二年（西元七二四年）授其王布遮波資金吾衞大將軍。唐玄宗天寶六年（西元七四七年），其王跌失迦延從討勃律戰死，擢其子都督左武衞將軍，給祿居蕃。

似沒國：北接石國（註三）土俗康居（註四）同。役槃亦與康鄰，出良馬。

俱密國：在吐火羅東北，治山中，今拉胥忒流域。南臨黑河，其王為突厥延陀種。唐太宗貞觀十六年（西元六四二年）遣使者入朝。高宗以其地置拔州都護府。玄宗開元時，獻胡旋舞女，其王那羅延，頗言大食橫征暴斂情形，天子但慰遣而已。玄宗天寶年間，其王伊悉爛俟斤又來獻馬。

護密國：今帕米爾南瓦汗地。或曰達摩悉鐵帝，曰護偘。其國橫千六百里，縱狹方四五百里。王居塞迦審城，北臨烏滸河。地寒冱，堆阜曲折，沙石滋漫，有豆麥，宜禾果，出善馬。人碧瞳。唐高宗顯慶年間，以其地爲烏飛州，授其王沙鉢羅頡利發爲刺使。更因地當四鎮入吐火羅之要衝，吐蕃嘗役屬之。玄宗開元八年（西元七二〇年），冊封羅旅伊陀骨咄祿多毗勒莫賀達摩薩爾爲王。玄宗開元十六年（西元七二八年）與米首領米忽汗同獻方物，以後時來朝。玄宗天寶年間，王子頡吉葡請絕吐蕃，唐玄宗賜以鐵券。到唐肅宗乾元元年（西元七五八年），其王紇設伊俱鼻施來朝賜姓李。

以上諸國，因地處帕米爾高原，地雖貧脊荒涼，爲西通大食、天竺、波斯以及西北康國之交通要衝，故唐與吐蕃、大食皆重視之。

錫爾河以南至阿姆河區：計有西域昭武九姓及拔汗那國：

康國：一曰薩米鞬（註五），亦曰颯秣建其南距史國百五十里，西北距西曹百餘里，東南屬米國百餘里，北中曹五十里，有大城三十，小堡三百，其王姓溫，月氏人。舊居祁連山北昭武城（註六）。因被匈奴所逐，西踰葱嶺，遂有其國，枝庶分王，曰安、曹、石、米、何、火尋、戊地、史，世稱爲昭武九姓，都於薩寶水上阿祿迪城。隋煬帝時，其王屈朮支娶西突厥葉護可汗女，遂臣於西突厥。唐太宗貞觀元年（西元六二七年），康國始入貢於唐。太宗貞觀五年（西元六三一年），請求內附，太宗以道遠，不許（註七）。唐高宗永徽時，以其地爲康居都督府，授其王拂呼縵爲都督，其餘昭武諸國亦內附。

安國：一曰布豁（註八），又曰捕喝，漢時之安息，元魏時曰忸蜜者。王姓昭武，與康國同族。都在那密水南，治阿濫謐城。唐高祖武德時，遣使入貢；太宗貞觀時，初獻方物，太宗厚慰其使者曰：「西突厥已亡，商旅可行矣」，諸胡大悅。其王訶陵迦又獻名馬，自言一姓相承二十二世云。是時東安國亦來獻，言子姓相承十世云。所謂東安，或曰小國，一曰喝汗，治喝汗城（註九），西南至大安四百里。唐高宗顯慶時，以阿濫謐爲安息州，以其王昭武殺爲使。喝汗城爲木鹿州，以東安王昭武閉息爲刺史，自後朝貢不絕。

曹國：分東、中、西曹三國。東曹又名率都沙那、蘇對沙那、劫布呾那、蘇都識匿。即漢時匿馬之貳師城。東北距俱戰提二百里，北至石國，西至康國，東北寧遠皆四百里許，南至吐火羅五百里。實今費爾干那及撒馬爾干之間地，今稱烏拉搭拍（Ura-tape）。唐高祖武德時，與康國同遣使入朝。西曹，隋之曹國也，南接史（kesch）及波覽，治瑟底痕（註一〇）城，東北越于底城。高祖武德時，曾遣使入朝。唐玄宗天寶元年（西元七四二年），其王哥邏僕遣使入朝獻方物，詔封爲懷德王，並上言，祖考以來奉天可汗，願同唐人受調發，佐天子征討。中曹，居西曹之東，康國之北，王治迦底眞城，其人長大工戰鬬。

石國：曰柘支、柘折，赭時，漢大宛北之康居故地，今之塔什干。隋煬帝大業初，西突厥殺其王，以特勤匐職統其國。唐高祖武德、太宗貞觀間數獻方物。唐高宗顯慶三年（西元六五八年），以其地瞰羯城爲大宛都督府，授其王瞰土屯攝舍提于屈昭穆都督。唐玄宗開元元年（西元七一三年）至玄宗開元二十九年（西元七四一年）時，封其君莫賀咄吐屯爲石國王，自是朝貢不絕。玄宗天寶初，封王子那俱車鼻施爲懷化王，賜鐵劵。久之，安西節度使高仙芝以其無蕃臣禮討之，約降，高仙芝遣使者護送至開遠門，俘以獻，斬闕下，於是西域皆怨，向大食乞兵，攻怛邏斯城，敗高仙芝軍。

米國：曰彌末，彌末賀，今馬江，北距康居百里，其君治鉢息德城。唐高宗永徽元年（西元六五〇年）至高宗永徽六年（西元六五五年）時，爲大食所破。唐高宗顯慶三年（西元六五八年），以其地爲南謐州，授其王昭武開拓拙爲刺史，自是朝貢不絕。

何國：曰屈霜尼迦（註一一），貴霜匿，康居小王附墨城故地。其王姓昭武，亦康國王之族類。東去曹國百五十里，西去小安國三百里。城左有重樓，北繪中華古帝、東突厥、婆羅門、西波斯、拂菻（註一二）等諸王。唐太宗貞觀十五年（西元六四一年）遣使者入朝。唐高宗永徽元年（西元六五〇年）至高宗永徽六年（西元六五五年）時上言，「聞唐出師西討，願輸糧于軍」，後以其地爲貴霜州，授其君爲昭武婆達地刺史。

火尋國：曰貨利習彌，過利，居渃河（註一三）之陽，乃康居小王奧鞬城故地，今之基華。其君治急多颸遮城。諸國唯其國有牛車，商賈乘以行諸國。唐玄宗天寶十年（西元七五一年），其君稍施芬遣使者朝獻黑鹽，唐肅宗寶應元年（西元七六二年）時復入朝。

戊地國：當作伐地國，今拜帖兒，史事未詳。

史國：曰佉沙（註一四），又曰羯霜那，居獨莫水南，康居小王蘇薤城故地。西百五十里距那色波，北二百里屬米國，南四百里曰吐火羅。其南有鐵門關（註一五），依巉削高山，石色如鐵。唐太宗貞觀十六年（西元六四二年）獻方物，唐高宗顯慶時，以其地置佉沙州，授其君爲昭武失阿喝刺史。

拔汗那（註一六）：曰鏺汗，漢代大宛，元魏時之破洛那，在眞珠河（註一七）之北，居西鞬城（註一八），有大城六，小城百，人多壽。其王自魏晉以來相承不絕。唐太宗貞觀年間，其王爲西突厥所殺，阿瑟那鼠匿奪其城，鼠匿卒，遏波之立契苾兄子阿了參爲王，高宗顯慶間來朝，以其渴塞城（註一九）爲休循都督府，授阿了參爲刺史，自是歲朝貢。玄宗開元二十七年（西元七三九年），其王阿悉爛達干，曾助平吐火仙有功，册封奉化王。唐玄宗天寶三年（西元七四四年），改其國爲寧遠，以外戚竇姓其王，又嫁以和義公主。玄宗天寶十三年（西元七五四年），其王忠節遣子薛裕朝，入待留宿衞，學習華禮，其王事唐甚恭。拔汗那扼葱嶺北道之衝途，故唐優禮以寵之，以堅其內向之心。

阿姆河以南區：有吐火羅所屬諸國及波斯國：

吐火羅國：曰土豁羅，覩貨邏，漢代之大夏也，先是吐火羅乘大月氏衰微復故地，居葱嶺西，烏滸河之南，初都縛喝（註二〇）其領域甚大，南北千餘里，唐玄奘西域傳記載，其國東扼葱嶺，西接波斯，南臨大雪山（註二一），北據鐵門關，分爲二十七國，過去曾臣西突厥。唐高祖、太宗、高宗時，皆遣使入貢。高宗顯慶間，以其都阿緩地（註二二）爲月氏都護府，析小城爲二十四州（註二三），並授其王阿史那烏濕波爲都督，自後朝貢不絕。

悒怛國：漢之大月氏種，原大月氏爲烏孫所奪，西過大宛擊大夏而臣之，治藍氏城，其王姓嚈噠，後裔即以國爲姓，訛爲悒怛，俗類突厥，唐玄宗天寶年間來朝。

俱蘭國：曰俱羅弩，與吐火羅接，環地三千里，南大雪山，北俱魯河，唐太宗貞觀二十二年（西元六四六年），遣使來貢。

㤝國：居於葱嶺中，氣候熱，有稻麥粟豆，畜羊馬，俗死棄於山。唐高祖武德二年（西元六一九年），遣使貢玻璃、寶帶、水精栝等。

波斯國：在裏海南，今波斯國地，漢代之安息國，在魏明帝太和元年（西元二二三七年），爲其侯阿爾達希爾（Ardeshin）所滅，建薩珊王朝（Sasaniden），一時盛强，其東擊大月氏，西拒羅馬，成爲中亞大國。隋時，東羅馬與西突厥聯兵夾攻波斯。西突厥統葉護可汗討殘其國，遣部帥統監之。但終擺脫西突厥之統治。

唐初，太宗貞觀七年（西元六三三年），波斯始受大食侵略，血戰十餘年，波斯全失。其王伊嗣俟出亡於木鹿城。太宗貞觀二十一年（西元六四七年）曾遣使乞唐援助，太宗因道遠未允，後四年，伊嗣俟為其部下所弒，其子卑路斯逃吐火羅得免於禍。遣使者告難，高宗以道遠，不能出師。會大食兵解而去，吐火羅以兵送卑路斯返國。唐高宗龍朔元年（西元六六一年），又訴為大食侵擾，請兵救援。是時適值唐高宗遣王明遠赴西域，分置州府，遂以疾陵城為波斯都督府，授卑路斯為都督。高宗龍朔二年（西元六六二年），冊立卑路斯為波斯王。後為大食所滅，卑斯路及其子入居長安。

陀拔斯戰國：在波斯東，因波斯滅，不肯事大食，唐玄宗天寶五年（西元七四六年），其王忽魯汗遣使入朝，封為歸信王。後八年遣子入朝宿衛。後其國終被黑衣大食所滅。

印度河恆河流域區：有五天竺等國：

五天竺國：漢稱為身毒，今之印度，分東、西、南、北、中五部，稱為五天竺。唐高祖武德時，國中大亂。中天竺王尸羅逸多討平四天竺，統一天竺（印度半島）半島。玄奘到其國，尸羅逸多召見，聆聽玄奘言太宗神武，四夷賓服諸事。唐太宗貞觀十五年（西元六四一年），自稱摩加陀王，遣使上書，太宗命梁懷璥持節慰撫。其王膜拜受詔書，戴之頂上。復遣使入朝，太宗後遣李義往報之。

唐太宗貞觀二十二年（西元六四八年），遣王玄策、薛師仁使其國。未至，尸羅逸多卒。國中大亂，其臣那伏帝阿羅那順自立爲王，發兵拒玄策。虜其從騎與諸國貢品，玄策挺身奔還吐蕃西鄙，檄召鄰國兵，吐蕃以兵千人，泥婆羅（註二四）發七千騎，王玄策領軍進戰，三日破茶縛和羅城，斬首三千級，溺水死者萬。阿羅那順逃來，合散兵復來，薛師仁擒之，又進破其餘衆，虜王妃以下萬二千人，雜畜三萬。天竺大震。率城邑來降者五百八十所。東天竺王尸鳩摩送牛馬三萬勞軍。王玄策執阿羅那信獻於闕下。天竺卽入貢不息。

唐玄宗開元八年（西元七二〇年），南天竺王尸利那羅僧伽請以戰象及兵馬討大食及吐蕃，並請賜其軍名，玄宗賜名爲懷德軍。同年南天竺爲國建寺，上表乞寺額，勅賜歸化寺。其使者曰：「蕃夷惟以袍帶爲寵」，玄宗以錦袍、金革帶、魚袋，幷七事賜之。又册封尸利那羅僧伽爲南天竺王，其後五天竺常入貢。唐玄宗天寶亂後，始絕。

摩揭陀國：本中天竺之屬國，環五十里，土沃宜稼穡，有異稻粒大。唐太宗貞觀二十一年（西元六四七年）始遣使通中國，獻波羅樹，太宗遣使取熬糖法。又遣王玄策至其國摩訶菩提祠立碑。

那揭國：天竺之屬國，唐太宗貞觀二十年（西元六四六年），遣使者來貢方物。

烏萇國：後漢書作烏荼，直天竺南，地廣五千里，東距勃律六百里，西罽賓四百里，山谷相屬，產金、鐵、蒲萄、鬱金，稻歲熟，東北有達麗川（註二五）即烏萇舊地，唐太宗貞觀十六年（西元六四二年）遣使來貢龍腦香等。

章求拔國：或曰章揭拔，西與東天竺接。唐太宗貞觀二十年（西元六四六年）遣使入貢，王玄策討中天竺時，其發兵有功。

罽賓國：卽迦畢試國（註二六），居葱嶺西南。王居修鮮城，常役屬大月氏。唐高祖武德二年（西元六一九年）遣使入貢。唐太宗貞觀時，獻名馬。高宗顯慶三年（西元六五八年），以其地爲修鮮都督府。高宗龍朔初，拜其王爲修鮮十一州諸軍事，兼修鮮都督。玄宗開元七年（西元七一九年），遣使獻天文及秘方奇藥，天子册其王，自後朝貢不絕。

大勃律國（註二七）：曰布露，在吐蕃西與小勃律接，西鄰北天竺、烏萇地，宜鬱金，役屬吐蕃。唐則天后萬歲通天到玄宗開元時三遣使朝貢，又册其君蘇弗舍利支離泥爲王。後嘗入貢。

小勃律國（註二八）：王居孽多城，臨娑夷水，其西山顚有大城曰迦布羅。唐玄宗開元初，其王沒謹忙來朝，玄宗以兒子畜之，以其地爲綏遠軍。因國迫吐蕃，數爲所困，吐蕃曰：「我非謀爾國，假道攻四鎭耳。」久之，吐蕃奪其九城，沒謹忙求北庭，節度使張孝嵩遣疏勒副使張思禮率銳兵四千倍道往，沒謹忙因出兵大破吐蕃，殺其衆數萬。復九城，詔冊爲小勃律王，遣大首領察卓那斯摩沒勝入謝。

箇失密國：曰迦濕彌邏，北距小勃律五百里，環地四千里，山回繚之。王治撥邏勿邏布邏，地宜稼穡，多雪。出火珠鬱金、龍種馬、俗毛褐等。唐玄宗開元初遣使者來朝，玄宗開元八年（西元七二〇年），詔冊其王眞陀羅密利爲王，間獻胡藥。天木死，弟木多筆立，又遣使來朝，且言其有國以來，並臣天可汗，受調發，國有象馬兵三種兵。臣身與中天竺王阨吐蕃五大道，禁出入，戰常勝，如唐兵至勃律者，雖衆二十萬，能輸糧以助，後冊封木多筆爲王，自是職貢有常。

綜合前述，可知天山南路，天山北路，葱嶺之西及南，皆已入於大唐版圖。溯自唐太宗貞觀四年（西元六三〇年），初取伊吾，至高宗龍朔元年（西元六六一年）收撫波斯，經營西域凡三十一年，已較漢時聲威更遠。

【附註】

註一　守捉所，今塔什庫爾干、蒲犂。

註二　播密川，帕米爾河。

註三　石國，今塔什干。

註四　康居，今薩馬爾干。

註五　薩米韃或薩末鞬、颯秣建，在今撒馬兒罕或曰薩馬爾干。

註六　昭武城，今甘肅高台縣境。

註七　其時西突厥尚强盛，天山南路諸國未平服；唐不能飛踰葱嶺而有其國。

註八　安國，今布哈爾。

註九　喝汗城，今克密內 Kermine 城。

註一〇　治瑟底痕城，今米塘。

註一一　屈霜尼迦，今喀沙尼亞，在撒馬兒罕西六十英里。

註一二　拂菻罽羅馬國。

註一三　烏滸河（Oxus），今阿姆河。

註一四　羯霜那，今之碣石城，又稱夏兒城。

註一五　鐵門關，在撒馬罕兒西南。

註一六　拔汗那，今費爾干。

註一七　眞珠河，今錫爾河上流。

註一八　西鞬城，在錫爾河北。
註一九　渴塞城，今柯傷。
註二〇　縛喝部班黑城或巴里黑城。
註二一　大雪山，今興都庫什山。
註二二　阿緩地，今阿富汗之昆都斯城。
註二三　新唐書卷四十三下云：「龍朔元年，以隴州南由令王名遠為吐火羅道置州縣使，自于闐以西，波斯以東，凡十六國，以其王都為都督府，以其屬部為州縣。凡州八十八縣百一十，軍府百二十六」。
註二四　泥婆羅，今尼泊爾。
註二五　達麗川，玄奘稱陀歷，今之Danel。
註二六　迦畢試國，今之克什米爾。
註二七　大勃律國，現當Baltistan 在克什米爾東北。
註二八　小勃律國，卽今幾爾幾特Gilghit 在巴基斯坦北部。

第三節 唐治理西域之軍政設施

唐之疆域廣大，其治理西域政策，除採用漢之方法外，最重要者爲府州之設置。漢時對西域除都護、戊己校尉外，別無其他官制以統治之。但唐時凡勢力所及，莫不開府列縣，大者爲都護府，次者爲都督府，再次爲州縣，遍佈於中亞各地。按唐時西域官制，都護府分大都護府，上都護府兩級，前者例置大都護一員，副都護四員；後者置都護一員，副都護兩員。大都護職掌爲「撫慰諸蕃，輯寧外寇，覘候姦譎，征討攜貳」，故負有相當兵權。府州卽每得一地卽用該地民族充任都督、刺史等，亦卽民政歸地方，軍事交歸中央。唐玄宗後，又設置節度經略使。

唐在西域之大都護府，是根據新唐書、舊唐書地理志記載，分述於下。

㈠ 安西大都護府之設置

安西大都護府：統天山南路至波斯以東地區。唐太宗貞觀十四年（西元六四〇年）派侯君集平高昌，以其地置西州，卽設安西都護兼任西州刺史。後八年平龜茲後旋徙龜茲。唐高宗永徽二年（西元六五一年）移安西都護於高昌。高宗顯慶三年（西元六五八年）再平龜茲叛後又移龜茲。肅宗時改稱鎮西，不久又復舊稱。

在天山南路有四鎮都督府，領州三十四：

(1)龜茲都督府：唐太宗貞觀二十二年（西元六四八年）平龜茲。高宗顯慶三年（西元六五八年）置都督府。領州九。州名闕。

(2)焉耆都督府：唐太宗貞觀十八年（西元六四四年）平焉耆，高宗中置都督府。州名闕。

(3)疏勒都督府：唐太宗貞觀九年（西元六三五年）內附。與焉耆都督府同年置，領十五州均闕名。

(4)毗沙都督府：唐太宗貞觀二十二年（西元六四八年）于闐內附，初置五州，高宗上元二年（西元七六一年）置都督府，由初設五州析十州，名均闕。

以上四都督府均以地方民族首領爲都督或刺史，皆得世襲，貢賦戶口，不上於戶部。此外尚有賦稅上於戶部，秉承京師詔令而施政之州，如東疆之伊州，山南西州。

(5)伊州：唐太宗貞觀四年（西元六三〇年）置，領伊吾縣（註一）、納職縣（註二）、懷柔縣（註三）。後歸北庭節度使轄。

(6)西州：唐太宗貞觀十四年（西元六四〇年）滅高昌後置，領前庭縣（註四）、柳中縣

（註五）、交河縣（註六）、蒲昌縣（註七）、天山縣（註八）。

在唐高宗龍朔元年（西元六六一年）命王名遠爲吐火羅道置州使，自于闐以西波斯以東，凡十六國以其王都爲都督府，以其屬部爲州縣。凡州八十八、縣百一十，軍府一百二十六。今其名稱可考究有府十六、州七十二。

(1)月支都督府：以吐火羅葉護阿緩城置（註九）。領州二十五：藍氏、大夏、漢樓、弗敵、沙律、嬀水、盤越、忸密、伽倍、粟特、鉢羅、雙泉、祀惟、遲散、富樓、丁零、薄知、桃槐、大檀、伏盧、身毒、西戎、篾頡、疊杖、苑湯各州。

(2)大汗都督府：以嚈噠部落活路城置。領州十五：附墨、奄蔡、依耐、犂州、榆令、安屋、罽陵、碣石、波知、烏丹、諾色、迷蜜、盼頓、宿利、賀那各州。

(3)條支都督府：以訶達羅支國，伏寶瑟顛城置（註一〇）。領州九：細柳、虞泉、犂靳崦嵫、巨雀、遺州、西海、鎭西、乾陀各州。

(4)天馬都督府：以鮮蘇國數滿城置。領州二：洛那、東離各州。

(5)高附都督府：以骨咄國施沃沙城置（註一一）領州二：五翎、休密各州。

(6)修鮮都督府：以罽賓國遏紇城置，今巴基斯坦境內。領州十：毗舍、陰米、波路、龍池、烏弋、羅羅、檀特、烏利、漠州、懸度各州。

(7)寫鳳都督府：以帆延國羅爛城置（註一二），領州四：蠻谷、冷淪、悉萬斤、鉗敦各州。

(8)悅般州都督府：以石汗那國艷城置，領雙靡州。

(9)奇沙州都督府：以護時犍國遏密城置，領州二：沛隸、大秦各州。

(10)如墨州都督府：以怛沒國怛沒城置（註一三）。領栗弋州。

(11)旅獒都督府：以烏拉喝國摩竭城置（註一四）。

(12)崑墟州都督府：以多勒建國低寶那城置（註一五）。

(13)至拔州都督府：以俱密國褚瑟城置（註一六）。

(14)烏飛州都督府：以護蜜多國摸逵城置（註一七），領鉢和州。

(15)王庭州都督府：以久越得犍國步師城置（註一八）。

(16)波斯都督府：以波斯國疾陵城置（註一九）。

以上諸府州乃屬於安西大都護府。皆阿姆河以南地區之諸國。

(二) 北庭大都護府之設置

北庭大都護府：原在天山北路，於阿史那賀魯內附後置庭州，領縣四：有輪臺、蒲類、西海、金滿（註二〇）。由關內徙漢族於此甚多，尤唐高宗以後遷徙者更多。但當時唐太宗經營天山南路較天山北路積極。西突厥平後，才開始對北疆經營。可是到武后時，因西突厥突騎施部及東突厥又告活躍，屢次侵犯天山北路諸部，故此於則天后長安二年（西元七〇二年），將庭州昇爲北庭大都護府，府治庭州。以阿史那獻爲大都護，使經略天山北路。並將原西突厥地設立之崑陵、濛池二都護府，劃隸北庭大都護府管轄。與安西大都護府爲統治西域之兩大最高機構。玆將崑陵原都護府轄地各府州敍述，以便證實當時東自巴里坤湖，西至中亞吹河流域，北至阿爾泰山，南至裕都勒斯河所統轄地域之廣大情況。

崑陵都護府：管轄吹河以東地區，原突厥咄陸部落。唐高宗顯慶二年（西元六五七年），五咄陸部落及府州如下：

(1)匐延都督府：以處木昆部置（註二一）。

(2)溫鹿州都督府：以突騎施索葛莫賀部置（註二二）。

(3)潔山都督府：以突騎施阿利施部置，今伊犂河西之薩米爾省內。

(4)雙河都督府：以攝舍提頓部置（註二三）。

(5)鷹娑都督府：以鼠尼施半部置（註二四）。

(6)鹽泊州都督府：以胡祿屋闕部置（註二五）。

以上為五咄陸部地。隸於五咄陸之其他部落，其府州如下：

(7)陰山州都督府：唐高宗顯慶三年（西元六五八年），分葛邏祿部，置陰山、大漠、玄池金州四都護府。昔葛邏祿居地，西至塔城，東至阿爾泰山，而以謀落部置陰山都督府。今齊桑泊及烏倫古河之間。

(8)大漠州都督府：以葛邏祿熾俟部置，約當今烏倫古河西。

(9)玄池州都督府：以葛邏祿踏實部置。今塔城一帶。

(10)金山州都督府：析大漠州置，以上為葛邏祿之三部，亦號三姓葉護。

(11)輪臺州都督府：在迪化附近（註二六）。

(12)金滿州都督府：唐高宗永徽五年（西元六五四年）以處月部置為州，隸輪臺，高宗龍朔二年（西元六六二年）改府，今孚遠縣北，一說在今巴里坤東北三百里尼赤金山南。

(13)咽麪州都督府：初玄池，咽麪為州，隸燕然，則天后長安二年（西元七〇二年），在伊斯色庫爾附近。

(14)憑洛州都督府：在迪化與古城之間。

(15)沙陀州都督府：以沙陀部置。在巴里坤湖之東。

(16)鹽祿州都督府。

(17)哥係州都督府。

(18)孤舒州都督府。

(19)西鹽州都督府。

(20)東鹽州都督府。

(21)叱勒州都督府。

(22)迦瑟州都督府。

(23)答爛州都督府。

自十六至廿三，在新唐書地理志卷四十三下，未詳以何部置，也不詳列其所在地，僅「右隸北庭都護府」。

濛池都護府，押五弩失畢部（右廂五箭）：

(1)阿悉結闕部。

(2)哥舒闕部。

(3)拔塞幹暾沙鉢部。

(4)阿悉結泥孰部。

(5)哥舒處半部。

崑陵都護府下有哥係州及孤舒州。而五弩失畢部中有哥舒闕及哥舒處半二部。譯音相近，故懷疑上列二部，是哥舒闕或哥舒處半部所置，應屬於濛池都護府。

濛池都護府，轄地當在碎葉（註二七）之西，至裏海之北。因五弩失畢部居碎葉以西，故濛池屬地亦必在吹河之西，但何以云濛池西境止於裏海之北？根據新唐書波斯傳：「東與吐火羅、康接，北鄰突厥可薩部。」又據洪鈞元史譯文證補：「突厥盛時……極西部曰可薩，亦曰曷薩。西國古籍，載此部名哈薩克，即曷薩轉音。裏海、黑海之北，皆其種落屯聚。」由此可知，可薩與波斯相鄰處，必在裏海之西北。居於裏海之北者爲突厥可薩部，而可薩部非五弩失畢部之一，故五弩失畢部之西界不能越過裏海之北，故濛池之屬地亦祇能西至裏海之北。

弩失畢諸部中有兩大中心地，其一爲碎葉城，即今吹河南岸之脫克馬克。其一爲怛羅斯城，即今怛羅斯河上之奧里阿塔。

錫爾河至阿姆河北，唐所置府州，於唐高宗顯慶三年（西元六五八年），設置如下：

(1)康居都督府：以康國內附置，今薩馬爾干。

(2)大宛都督府：石國瞰羯城，今塔什干。

(3)南謐州：以米國內附置，在康國南百里，今馬江。

⑷佉沙州：史國內置，米國南二百里夏兒城。
⑸貴霜州：在何國內置，在撒馬兒罕西，喀沙尼亞。
⑹安息州：以安國內置，今布喀爾。
⑺休循州：在拔汗那國內置。
⑻木鹿州：在東安國喝汗城，即今克密內附近。

㈢　西域軍事之設施

唐在西域軍事設施，在唐太宗平定龜茲後會開四鎭（註二八），有將及鎭副各一員統兵鎭撫各地。亦即高宗時罷四鎭之設置，焉耆以西爲吐蕃所據（註二九）。到則天后時，四鎭恢復又復四鎭兵力，雖吐蕃屢要求撤除，但則天后不許，以致吐蕃力量在天山南路不得逞。

爲了加强西域之治理，唐玄宗時曾於邊陲各地置十節度使，西域置安西節度使於龜茲，安撫西域諸國，統龜茲、焉耆、疏勒、于闐四鎭兵力，同都護府同治於龜茲。管戍兵二萬四千人，馬二千七百四，衣賜六十二萬疋段。更置北庭節度使於北庭，統瀚海、天山、伊吾三軍，共兵二萬人，馬五千四，衣賜四十八萬段。

【附 註】

註 一 伊吾縣，今哈密。

註 二 納職縣，今哈密西南。

註 三 懷柔縣，今哈密縣境。

註 四 前庭縣，吐魯番東南哈剌和卓。

註 五 柳中縣，鄯善西南魯克沁。

註 六 交河縣，吐魯番西北。

註 七 蒲昌縣，吐魯番東南。

註 八 天山縣，吐魯番托克遜城。

註 九 阿緩城，唐玄奘所至之活國，今昆都斯城。

註一〇 伏寶瑟顛城，西域記稱爲曹矩吒（Tagudo）

註一一 施沃沙城，在庫拉伯 Kulba 之東北。

註一二 羅爛城，今巴緬城。

註一三 怛沒城，在阿姆河北之特爾迷。

註一四　摩竭城，今烏滸河西。

註一五　低寶那城，今塔里干。

註一六　褚瑟城，在拉背特河流域。

註一七　摸達城，今帕米爾西瓦罕。

註一八　步師城，今喀塔干。

註一九　疾凌城，今 Sejisan。

註二〇　金滿，後改庭州縣，即金滿城，孚遠縣北之庭州同治地點。

註二一　處木昆部，今塔城縣境。

註二二　突騎施索葛莫賀部，今伊犂河流域。

註二三　攝舍提頓部，今博樂塔拉。

註二四　鼠尼施半部，今裕勒都斯河流域。

註二五　胡祿屋闕部，今烏蘇，及阿雅爾淖爾。

註二六　迪化附近，此非輪臺縣，非漢之輪臺地。

註二七　碎葉即吹河。

註二八　四鎮：龜兹、疏勒、于闐、碎葉。

註二九　唐之四鎭：龜茲、疏勒、于闐，均沒問題，唯碎葉鎭，根據曾問吾著中國經營西域史中考證，並非吹河南之碎葉城，而據實是焉耆國。其根據新唐書地理志焉耆都督府下注云：「貞觀十八年滅焉耆置有碎葉城」，故命之爲碎葉鎭。

第三章　唐與後期突厥之關係

唐自西突厥亡後，取去西域之統治權，但西域各部落英雄輩出，時與唐爭奪西域之覇權。唐高宗繼位不久後，西突厥餘衆叛亂，東突厥擾攘天山北路，西藏高原之吐蕃攻陷天山南路四鎮，新興於亞拉伯之大食蠶食葱嶺以西諸國，漸不能統治西域，尤幸唐玄宗雄才大略，得以恢復過去之聲威。

第一節　西突厥餘衆之叛亂

唐高宗永徽四年（西元六五三年），逃於吐火羅之西突厥咄陸可汗卒，其子眞珠葉護立，見阿史那賀魯已亡，欲來爭地，高宗顯慶四年（西元六五九年），眞珠葉護與阿史那彌射戰於雙河，阿史那彌射擒獲眞珠葉護而殺之，阿史那彌射雖爲都護，但部落不服，弩失畢部思結闕俟斤都曼於是歲十一月，率疏勒、朱俱波、喝盤陀三國叛，擊破于闐，思結闕俟斤都曼兵保馬頭川，蘇定方選精兵萬人，馬三千，由葉葉水（註一）馳至進襲，思結闕俟斤都曼兵敗，自縛來降，葱嶺內外復平。

唐以阿史那彌射和阿史那步眞統治西突厥兩廂，目的乃互相牽制對方。但阿史那步眞怨恨阿史那彌射，當唐高宗龍朔二年（西元六六二年）二可汗隨𩆜海道總管蘇海政討龜茲時，阿史那步眞誣彌射謀反，密謂蘇海政曰：「彌射謀反，請誅之。」蘇海政不詳加觀察，即用計擒殺阿史那彌射。其鼠尼施、拔塞幹兩部亡走，蘇海政與阿史那步眞率兵追討，軍還至疏勒南，弓月部引吐蕃部與唐兵戰，蘇海政兵老不敢戰，以軍資略吐蕃，約和而還。由是西突厥諸部與阿史那步眞不睦，各有離心，時有變亂，幸唐兵尚强，先後平定，數年後，阿史那步眞卒，西突厥二部無主，濛池、崑陵亦無都護，有阿史那都支及李遮匐者收阿史那步眞餘衆，附於吐蕃。

唐高宗咸亨二年（西元六七一年）四月，高宗以阿史那都支爲左驍衞大將軍兼匐延府都督，統五咄陸之衆及咽麪部，而阿史那都支收拾各部落自號十姓可汗。高宗調露元年（西元六七九年）阿史那都支與李遮匐連合吐蕃，侵逼安西，朝廷議進討，吏部侍郎裴行儉建議，因波斯王卑路斯卒，其子泥涅師師入侍入京，以送波斯王子回京，乘機擒阿史那都支和李遮匐送京師，自此西突厥阿史那氏日益衰落，西突厥又無共主。

唐高宗永淳元年（西元六八二年）春二月，西突厥阿史那車薄率十姓叛。四月命裴行儉率兵討伐，師未行而裴行儉卒。阿史那車薄圍攻弓月城（註二），安西都護王方翼引軍救之，破阿史那車薄於伊麗水，斬首千餘級。俄而咽麵與阿史那車薄合兵十萬拒王方翼，戰於熱海（註三）。有俘虜欲執王方翼送敵人，被察覺先誅之共七十餘人，旋進軍擊阿史那車薄、咽麵，大破之，擒其酋長三百人，西突厥遂平。則天后垂拱元年（西元六八五年），則天后擢阿史那彌射（興昔亡可汗）子元慶爲崑陵都護，襲興昔亡可汗統五咄陸部落。則天后垂拱二年（西元六八六年）阿史那步眞子斛瑟羅爲繼往絕可汗，濛池都護，統五弩失畢部落。唐欲扶植二可汗，惜二可汗才力不足，被東突厥侵略，當時東突厥值默啜可汗在位，國勢正强，西突厥十箭人衆，被他侵略得散亡將盡。同時西突厥突騎施部勃興於吹河：亦常擾濛池都護府。最後於則天后天授元年（西元六九〇年），由繼往絕可汗斛瑟羅收其餘衆六七萬人，入居內地，改號竭忠事主可汗。則天后久視元年（西元七〇〇年），以西突厥竭忠事主可汗斛瑟羅爲平西軍大總管，鎭碎葉城。後以元慶子獻爲興昔亡可汗，招撫十姓大使，兼任北庭大都護；又以斛瑟羅子懷道爲十姓可汗，濛池都護，未幾又升獻爲磧西節度使，但終爲突騎施部所代替，西突厥阿史那王朝，至此滅亡。

突騎施原爲五咄陸部之一，首領烏質勒乃斛瑟羅部下。時斛瑟羅殘暴不仁，部落歸服於烏質勒，其置都督二十員，各將兵七千人，建大牙於碎葉，小牙於弓月城伊犂水，其勢日强。則天后聖歷二年（西元六九九年）秋八月，烏質勒遣子遮弩來朝。唐中宗神龍二年（西元七〇六年）封烏質勒爲懷德郡王。是歲，烏質勒卒，子娑葛立，襲封爵。娑葛與父時故將闕啜忠節（阿史那氏）不和，時相攻伐。金山道行軍總管郭元振奏准移闕啜忠節入朝宿衞，移其部於瓜、沙等州安置。闕啜忠節行至播仙城，右威衞將軍周以悌說以利害，逗留不進，遣人納賂於宰相宗楚客、紀處訥，請發安西兵，南引吐蕃，以攻娑葛。宗楚客因受賄，建議朝廷派馮嘉賓持節安撫闕啜忠節，侍御史呂守素處置四鎭，以將軍牛師獎爲安西副都護，發甘、涼以西兵，兼徵吐蕃，以討娑葛。時娑葛之貢馬使者娑臘在京師，聞其謀，馳還報娑葛，娑葛遂遣二萬騎分攻安西、撥換、焉耆、疏勒，生擒馮嘉賓及闕啜忠節於計舒河（註四）口，害呂守素於僻城，殺牛師獎於火燒城（註五），並陷安西，四鎭路絕。遣使上表，求宗楚客之頭以循軍中，郭元振上表稱娑葛理直，宜赦其罪。唐中宗景龍三年（西元七〇九年）七月，突騎施娑葛遣使請降，唐封之爲欽化可汗，賜名守忠，娑葛兵退，四鎭始安。娑葛弟遮弩因分割部落少於其兄，故叛逃於東突厥默啜可汗，請爲嚮導以討娑葛，默啜可汗乃遣兵二萬攻娑葛，生擒以歸。

車鼻施爲突騎施別部，娑葛被東突厥殺後，車鼻施酋蘇祿（娑葛部將）召集餘衆，後勢力漸强，衆至二十萬，遂稱雄西域。唐玄宗開元三年（西元七一五年），以蘇祿爲金方道經略大使，但蘇祿不忠於唐，復南聯吐蕃攻安西。唐玄宗開元五年（西元七一七年）又引大食、吐蕃兵謀攻四鎭，圍撥換及大石城（註六），安西副大都護湯嘉惠發三姓葛邏祿兵與阿史那獻擊之。玄宗開元七年（西元七一九年），唐封蘇祿爲忠順可汗，以羈縻之。玄宗開元十四年（西元七二六年）又因驅馬至安西互市事件犯安西，犯四鎭，其後屢次進犯均被擊退。蘇祿後被其部下莫姓達干所攻殺，以後更有黃姓（娑葛部後代）、黑姓（蘇祿之部屬）互相攻伐，乘機而起者爲葛邏祿部。

【附　註】

註　一　葉葉水，卽錫爾河。

註　二　弓月城，在伊犂河北。

註　三　熱海，今伊斯色庫爾或曰伊斯色克湖。

註　四　計舒河，卽塔里木河。

註　五　火燒城，今庫車北。

註　六　大石城，今烏什縣。

第二節　東突厥之復興

唐太宗滅東突厥頡利可汗，以其地置府州。在雲中都督府（註一）有阿史那骨咄祿，爲頡利可汗疏族，於高宗永淳元年（西元六八二年）鳩集散亡，治黑沙城，聚衆爲盜，有衆五千餘，盜九姓畜馬，稍彊大，乃自立爲汗，以弟默啜爲殺，咄悉匐爲葉護，時單于府（大都護府）檢校降戶部落阿史德元珍，爲長史王本立所囚，會阿史那骨咄祿來寇，阿史德元珍請踰還諸部贖罪，許之，至卽降阿史那骨咄祿，與爲謀王，遂以阿波達干，令專兵馬。高宗弘道元年（西元六八三年），阿史那骨咄祿、阿史德元珍圍單于都護府，殺司馬張行師，攻蔚州，殺刺史李思儉，執豐州都督崔智辯。則天后光后元年（西元六八四年），寇朔州（註二），則天后垂拱三年（西元六八七年）七月，突厥阿史那骨咄祿、阿史德元珍又寇朔州，燕然道大總管黑齒常之擊破之。十月，右監門衞中郎將爨寶璧與阿史那咄骨祿、阿史德元珍戰，全軍覆沒，爨寶璧輕騎遁歸。則天后大怒，改阿史那骨咄祿爲不卒祿。後阿史那骨咄祿卒其弟默啜立，復向則天后要求粟種十萬斛，農器三千具，鐵數千斤，並割居於河曲之豐、勝、靈夏、朔、代六州突厥降戶歸其統轄，自是東突厥更強。旋滅突騎施部，更併葛邏祿三姓，及西突厥十姓部落，自阿爾泰山以西至裏海，盡屬東突厥。更進討康國，曾踰眞珠河（註三），遠征至鐵門關，然不能敵禦大食勢力之東侵而止步。

唐玄宗開元二年（西元七一四年），東突厥默啜遣其子移涅可汗同俄特勒，女婿火拔等率軍圍北庭大都護，大都護郭虔瓘據城固守，並誘殺同俄特勒，餘軍解圍去。同時金滿、柳中（註四）被侵擾，被伊州刺史兼伊吾軍使郭知運所敗，默啜婿火拔因同俄特勒死而降。是時默啜年老，國內漸有亂象，九月，葛邏祿三姓，五咄陸部，五弩失畢部，皆來降唐。唐玄宗開元四年（西元七一六年）默啜卒，其兄默棘連立爲毗伽可汗，因其知人善任，國內復趨穩定，玄宗開元八年（西元七二〇年）大敗唐兵。玄宗開元二十年（西元七三二年），毗伽可汗被臣下毒死，國內亂，日漸衰落。玄宗天寶元年（西元七四二年），拔悉密（註五）、回紇（註六）、葛邏祿（註七）三部，共擊東突厥。玄宗天寶三年（西元七四四年），拔悉密攻東突厥烏蘇可汗，東突厥又立其弟爲白眉可汗。三部以回紇最强，唐於是册封回紇酋長骨力裴羅爲懷仁可汗，用以對付東突厥。玄宗天寶四年（西元七四五年），回紇懷仁可汗殺白眉可汗，東突厥餘衆降唐。東突厥之阿史那王朝，被回紇所佔據。

【附　註】

註一　雲中都督府，治朔方境，今陝西懷遠縣境。
註二　朔州，今山西朔縣。
註三　眞珠河，在藥殺河上游。
註四　柳中，鄯善縣西南魯克沁。
註五　拔悉密，在西伯利亞托木斯克 Tomsk。
註六　回紇，鐵勒部落之一。
註七　葛邏祿，今新疆喀喇額爾齊斯河流域。

第四章　唐與吐蕃、大食之關係

第一節　唐初與吐蕃之關係

吐蕃民族慓悍，以遊牧爲生計，至唐時始興盛，唐太宗妻以文成公主，方輸入中原文化，因多變革，國勢漸强，而成爲唐室最强之勁敵，幾與唐祚相終始，唐之對外策略，亦因吐蕃熾盛而改變。

吐蕃之位置在吐谷渾西南，卽現在之康藏高原，因僻處邊徼，遠離中土，加以吐谷渾之阻隔，故在唐之前，未嘗通於中原。其民族起源，吐蕃屬於西羌種，是西羌一百五十個部落之一，族衆散居於長江、黃河上游，及湟水、岷江之沿岸，其後爲鶻提勃悉野所統一，因爲「發」字和「蕃」字聲音近，所以他們之子孫自稱吐蕃（以上就新唐書吐蕃傳上有記載）。另一說法，吐蕃是東晉末年南涼國主鮮卑人禿髮利鹿孤（卽禿髮烏孤）之後，禿髮利鹿孤子樊尼，因失國輾轉奔竄，在羌中建國，改姓勃窣野，以禿髮爲國號，因語訛而稱吐蕃（註一）。

吐蕃雖屬遊牧民族，居無定所，但亦有若干城郭，國都曰邏些城，卽今拉薩，爲其政教中心。唐太宗時，吐蕃之勢力東進佔有今之西康省，又併吞遊牧青海之吐谷渾，東犯隴右，西侵西域，屢與唐軍交戰，爲唐室西邊之最大外患也，然而唐與吐蕃文化，藉此溝通可分爲四個時期，由唐太宗貞觀八年（西元六三四年）至玄宗天寶十四年（西元七五五年），唐與吐蕃交涉關係共一百二十一年。第一時期始於玄宗永徽元年（西元六五〇年）棄宗弄讚卒，第二時期則天后聖歷二年（西元六九八年）間，吐蕃內訌，第三時期玄宗開元十年（西元七二二年），吐蕃伐勃律國，第四時期玄宗開元二十五年（西元七三七年），崔希逸攻擊吐蕃。

唐太宗貞觀八年（西元六三四年），棄宗弄讚開始遣使入唐，是爲吐蕃與唐交往之始，太宗亦派馮德遐往撫慰之，棄宗弄讚聞突厥、吐谷渾皆尙唐室公主，獨吐蕃不與其事，於是遣使祿東贊隨馮德遐入朝，多齎金帛，奉表求婚。時以吐蕃屢次寇邊，故唐未准其請，使者疑吐谷渾從中破壞，棄宗弄讚大怒，因而發兵攻之，吐谷渾不支，逃奔青海湖以北，人畜多爲吐蕃所得。繼而吐蕃又攻破党項、白蘭羌（註二），擁兵二十萬，進攻松州（註三）太宗貞觀十二年（西元六三八年），命侯君集爲當彌道行軍大總管、執失思力爲白蘭道、牛進達爲闊水道、劉簡爲洮河道行軍總管，率步兵騎五萬拒之。九月，乘其不備，敗吐蕃於松州城下，斬首千級。棄宗弄讚乃引而退，遣使謝罪，並求婚。唐以吐蕃國勢正盛，恐武力難征服，以和親政策羈縻之，遂許婚。唐太宗貞觀十四年（西元六四〇年），棄宗弄讚遣其大論（註四）祿東贊納聘禮。太宗貞觀十五年（西元六四一年），正月，太宗命禮部尚書江夏王道宗持節送文成公主於吐蕃，棄宗弄讚大悅，見道宗，盡子婿禮。自此唐與吐蕃交往，吐蕃漸染唐風，國勢尤盛，屢擧兵攻吐谷渾，而蠶食之，終盡有其地。而唐於吐蕃之威脅解除後，亦有餘力經營西域，而奠定其帝國在西疆之聲威。

唐高宗初即位，封棄宗弄讚爲駙馬都尉西海郡王，至高宗永徽元年（西元六五〇年）五月卒，嫡子貢日貢贊早亡，其孫繼立，復號贊普，年幼不能親政，國事交祿東贊掌理，祿東贊善用軍兵，因此吐蕃雄霸西土。高宗顯慶三年（西元六五八年），吐蕃贊普來請婚，且恐嚇，唐許之則增威，不許則構怨，此實其外交策略之運用，後唐不許婚。高宗顯慶五年（西元六六〇年）八月，吐蕃祿東贊遣其子起政統兵攻吐谷渾，以謀擴張領域。高宗龍朔三年（西元六六三年），吐蕃與吐谷渾互戰，各上表論曲直，更來求援，唐室不予裁奪，吐蕃乃發兵攻吐谷渾，吐谷渾大敗，其王慕容諾曷鉢與所尙唐公主弘化，投奔於涼州（註五），告急於天子，青海爲吐蕃所據。唐高宗咸亨元年（西元六七〇年）四月，吐蕃陷西域十八州，又與于闐襲龜茲撥換城（註六）陷，罷龜茲、于闐、焉耆、疏勒四鎭，天山南路後盡入於吐蕃之手。高宗乃命薛仁貴爲邏娑道行軍大總管，阿史那道眞、郭待封副之，總兵五萬，以討吐蕃，且送吐谷渾可汗還國，至大非川（註七）爲吐蕃所敗，士卒死傷殆盡。吐谷渾全境陷於吐蕃，其可汗諾曷鉢倉皇內屬，唐把諾曷鉢遷到靈州（註八）。當時吐蕃除佔有天山南路及青海外，並擴及到今松潘、茂理、嶲（註九）等州，南鄰天竺，地方萬里，儼然一大國。

則天后永昌元年（西元六八九年），五月，命韋待價，西安大都護閻溫古進討吐蕃，吐蕃有備而戰，一戰而退。唐師追到焉耆，因糧餉不足反爲其敗，而安西都護府罷置。則天后長壽元年（西元六九二年），王孝傑會西州都督唐休璟請復取龜茲、于闐、疏勒、碎葉四鎭，則天后以王孝傑爲武威軍總管，與阿史那忠節率兵擊吐蕃。十月，大破吐蕃，復取龜茲、于闐、疏勒、碎葉四鎭而還。復置安西都護府於龜茲，並駐兵三萬人以撫慰天山南路各地，用以牽制吐蕃。

則天后萬歲通天元年（西元六九六年），王孝傑爲肅邊道行軍大總管，率婁師德等將兵與吐蕃將論欽陵贊婆戰於素羅汗山（註一〇），唐軍大敗，王孝傑免官，自此吐蕃益驕，是歲九月，吐蕃復遣使請和親，則天后遣郭元振往察其事，吐蕃將論欽陵贊婆請罷安西四鎭戍兵，并求分十姓突厥之地。唐要求吐蕃退還吐谷渾之地與唐，以交換西突厥五弩失畢部。是時吐蕃贊普器弩悉弄既長，與相欽陵衝突，唐西境得以暫安。

【附註】

註一　新唐書卷二百一十六上　列傳第一百四十一上　吐蕃傳上

註二　白蘭羌在党項東，今四川理番縣及松岡，党壩諸土司境。

註三　松州，今四川理番縣。

註四　大論，吐蕃之宰相有「大論」、「小論」之稱。

註五　涼州，即今武威縣。

註六　撥換城，今阿克蘇縣。

註七　大非川，在今青海湖南，共和縣境。

註八　靈州，今寧夏寧武縣。

註九　嶲州，今西康西昌。

註一〇　素羅汗山，今哈密北之天山。

第二節　吐蕃內訌後與唐之關係

吐蕃內訌，緣自欽陵（註一）執政以來，兄弟用事，皆有勇略，諸胡畏之。欽陵居中秉政，諸弟握兵分據方面，贊婆常居東邊，為中國患者三十餘年。則天后聖曆二年（西元六八九年），吐蕃贊普器弩悉弄漸長，憤大權旁落，與大臣論巖謀誅之，會欽陵出外，器弩悉弄乃佯言將獵，集兵執欽陵親黨二千餘人，殺之，遣使召欽陵兄弟，欽陵等舉兵反抗，器弩悉弄出兵討之，欽陵兵潰自殺。四月，贊婆率所部千餘人及其兄子莽布支等來降。

則天后久視元年（西元七〇〇年），吐蕃將麴莽布支寇涼州（註二），其衆兵甲鮮華，望似勁旅，實係新兵，故唐休璟出討，而六戰皆捷；此非唐師之能征，實係吐蕃之怯戰。觀唐休璟謂諸將之語可知，其言曰：「論相既死，麴莽布支新為將，不習軍事，諸貴臣子弟皆從之，望之雖精銳，實易與耳，請為諸君破之（註三）。

則天后長安二年（西元七〇二年），吐蕃贊普自率萬騎寇茂州，都督陳大慈與之四戰，皆破之。吐蕃既失利於北方，其南屬諸部遂欲乘機脫羈絆，於是泥婆羅（註四）等部，於則天后長安三年（西元七〇三年）皆叛，吐蕃大恐，其贊普器弩悉弄急自北引歸，轉而將兵南伐，終卒於軍中，於是諸子爭立，國人擁其子棄隸蹜贊為贊普，年方七歲。因吐蕃內訌，唐邊疆得以暫安。

唐中宗景龍元年（西元七〇七年），吐蕃復遣使入貢並求婚，唐為減輕南方之壓力，以備禦北方，遂許雍王守禮女金城公主妻吐蕃贊普，用以羈縻之，使不為害唐。吐蕃自是頻歲貢獻，然亦時犯西徼，故唐對吐蕃雖以和親爲策，然亦未能戢其野心，但和親之策雖未見大功，亦略得其用，而邊患稍減。

唐中宗景龍三年（西元七〇九年），吐蕃贊普遣其大臣尙贊咄等千餘人迎金城公主，可見其重視，亦欲藉此抬高其地位，兼以結好唐室也。唐中宗景龍四年（西元七一〇年），正月，命左驍衞大將軍送金城公主入吐蕃。但吐蕃自和親後，表面雖與唐和好，而其侵略之心仍未放棄，假公主之名，上書請將河西九曲（註五）之地以爲公主湯沐邑，一面又厚賂送公主入吐蕃之左驍衞大將軍楊矩，請其表奏贊助，因吐蕃得河西九曲地，其地水草甘美，吐蕃以此爲牧畜，兵勢因以日張，且與唐境接近，禍亂更宜發生。於是又謀奪取四鎭。

吐蕃謀取四鎭之路線，分東、西兩道，東路由今青海越祁連山向西北進至哈密，西路由西藏西行至克什米爾之北有小勃律，再越帕米爾高原，而抵蒲犂、和闐一帶，爲吐蕃入四鎭天然之要道，前者唐之軍鎭林立，阻碍重重，後者路雖遠而阻力較小。唐玄宗開元十年（西元七二二年），吐蕃侵小勃律，却爲唐與小勃律之聯軍所敗。

吐蕃犯小勃律以謀四鎭失敗後，唐玄宗開元十五年（西元七二七年），正月，涼州都督王君㚟請深入討伐，恰値吐蕃進寇甘州（註六），焚掠而回，王君㚟率軍追躡，直至青海之西，擊破吐蕃軍，俘軍甚多。後王君㚟爲回紇所殺，吐蕃進寇益熾，攻陷石堡城（註七），侵擾河西。是歲九月，吐蕃大將悉諾邏恭祿及燭龍莽布支攻陷瓜州城（註七），執刺史田元獻及王君㚟之父壽，盡取城中軍資及倉糧，仍毀其城而去。又進攻玉門軍及常樂縣（註八）不下而去。此後幾連年爭戰於青海、隴西一帶，擾攘不安者數載。是歲閏九月，庚子，吐蕃贊普與突騎施蘇祿圍安西城，安西副大都護趙頤貞擊破之。（註九）。

唐玄宗開元十六年（西元七二八年），十七年（西元七二九年），這兩年間，唐與吐蕃在河西中心展開激烈角逐戰。唐玄宗開元十七年（西元七二九年），唐軍克復石堡城，於是吐蕃頻遣使請和。玄宗開元十九年（西元七三一年）九月，吐蕃國相論尚他硉要求容許在赤嶺（註一〇）互市。

唐玄宗開元二十四年（西元七三六年），吐蕃又陷小勃律，西域二十餘國不入貢於唐，安西都護曾三次進討均無成功。玄宗開元二十九年（西元七四一年）十二月，吐蕃又陷石堡城。

唐玄宗天寶六年（西元七四七年），玄宗詔安西副都護高仙芝（高麗人）統步騎萬人進討，欲謀先去西顧之憂，以切斷吐蕃與大食之交通，而保固安西，然後專力南定吐蕃，蓋當時，葱嶺以西受制於吐蕃，而絕貢於唐者有二十餘國，尤以小勃律最受吐蕃親重，因它不特爲唐之「西門」，且爲吐蕃通援大食之要衝，故吐蕃置重兵於小勃律西北之連雲堡（註一一），以監護此等國家。高仙芝率兵自安西（註一二）出發，經撥換城（註一三），過疏勒（註一四），凡五十餘日至葱嶺守捉（註一五）、播密川（註一六），又五十餘日至五識匿國，乃分兵三路，約於七月十三日辰時，會於吐蕃連雲堡。連雲堡在娑勒城之北十五里，有吐蕃守兵千人，娑勒城據山傍水，斬斷崖谷，編木爲城，有吐蕃兵八、九千人。高仙芝於黑夜引軍渡娑勒河，登山大破之，據其城，分老弱三千守之，高仙芝復引軍前進，三日，至坦駒嶺（註一七）之南面四十餘里，高仙芝預料兵士登至山頂，必懼艱險而不願下嶺，故先使三十餘騎裝扮山南阿弩越城之胡人。大軍既登山頂，兵士果不願下嶺，忽見有廿餘胡服騎兵，自山之南面上來曰：「阿弩越赤心歸唐，娑夷水（註一八）藤橋已砍斷矣。」高仙芝佯喜，據以布告全軍。士卒始踴躍下嶺，又三日，阿弩越城迎者果至。明日至其城，高仙芝遣將軍席元慶領千騎突入小勃律，王及大臣皆逃匿於山谷，席元慶出示勅命賜綵物，誘出諸大臣，縛之以待大軍，王及吐蕃公主未出，高仙芝繼至，斬其附吐蕃者大臣數人，約王歸降，獻於京師，詔改其地爲歸仁軍，募三千人守其道，自此，小勃律復歸於中國。小勃律收復後，在其南之箇失蜜、羯師亦來歸附。

唐玄宗天寶七年（西元七四八年），十二月，隴右節度使哥舒翰率軍至青海，遂能擊破吐蕃，而築城於青海中龍駒島（註一九），謂之應龍城，並發謫罪二千人戍之，吐蕃由是屏跡，不敢近靑海，而退保險絕之石堡城。玄宗天寶八年（西元七四九年），命哥舒翰率隴右、河西及突厥阿布思兵，益以朔方、河東兵，凡六萬三千，攻陷吐蕃石堡城，以其地爲神武軍，並開屯田以備軍食。玄宗天寶九年（西元七五〇年），二月，高仙芝又敗被吐蕃所用之羯師（註二〇），虜其王勃特沒，唐遂可直通天竺。

唐玄宗天寶十二年（西元七四七年），五月，哥舒翰（註二一）擊吐蕃，拔洪濟、大漠門等城，收回河西九曲地（註二二），置洮陽郡，駐軍其中，自是吐蕃東犯隴右，西爭西域之野心，似乎可以暫時歛跡，豈知安祿山造反，吐蕃復陷隴右，而西域更陷於混亂攻伐之局面。

唐玄宗天寶十四年（西元七四九年），吐蕃贊普乞黎蘇籠獵贊卒，子婆悉籠獵贊立，又遣使修好，唐亦遣京兆少尹崔光遠兼御史中丞持節齎册弔祠，十一月，范陽節度使安祿山作亂，及使臣歸國，安祿山已竊據洛陽，唐急徵調河、隴、朔方之將統鎭兵入靖國難，其後唐帝國內部陷於戰亂紛崩之中，邊備空虛，吐蕃乘機東犯，初取石堡城，嗣遂連陷隴右州縣，竊據唐室西部之廣大領域，西域之覇權遂爲吐蕃所攘代。

【附註】

註一　欽陵，吐蕃大論祿東贊之長子。

註二　涼州，甘肅武威。

註三　資治通鑑卷二百七　唐紀二十三　則天后久視元年（七〇〇）。

註四　泥婆羅，今尼泊爾。

註五　河西九曲，即大小榆谷，今甘肅臨夏縣至青海貴德縣一帶。

註六　甘州，今甘肅張掖縣。

註七　瓜州城，今安西縣東南。

註八　常樂縣，今敦煌縣西。

註九　資治通鑑卷二百一十三　唐紀二十九　玄宗開元十五年（七二七）。

註一〇　赤嶺，即石堡城，在今青海西縣西南三二〇里之日月山。

註一一　連雲堡，今巴基斯坦之齊特羅 Chitral。

註一二　安西，時治龜茲，即今新疆庫車。

註一三　撥換城，今新疆阿克蘇。

註一四　疏勒，新疆疏勒。

註一五　守捉，今蒲犂一帶。

註一六　播密川，今帕米爾河。

註一七　坦駒嶺，今興都庫什山之大谷口，海拔約一萬五千四百呎，爲葉爾河、阿姆河、印度河三大河流之分水嶺。

註一八　娑夷水名弱水，卽吉爾吉特河，先是小勃律允許吐蕃假道，故吐蕃架此藤橋，以利進軍，闊一箭道，費時一年，距小勃律城六十里。

註一九　龍駒島，靑海周八九百里，中有山，須冰合遊牝馬其上，明年生駒，號龍種，故謂之龍駒島。

註二〇　羯師，爲通印度之要衝。

註二一　哥舒翰，隴右節度使，西突厥人。

註二二　資治通鑑卷二百一十六　唐紀三十二　玄宗天寶十二載（七五三）。

第三節　唐與吐蕃交涉史略表

唐太宗貞觀至玄宗天寶年間，唐與吐蕃交涉史略表，是根據舊唐書本紀，同書卷一九六吐蕃傳。新唐書本紀，又同書卷二一六吐蕃傳。册府元龜。唐會要九七吐蕃傳。資治通鑑卷一百九十四至二百一十七。茲列表如下：

年號	西元	事項
太宗、貞觀八年	六三四年	十一月，甲申，吐蕃贊普棄宗弄讚遣使入貢。上遣使者馮德遐往慰撫之。
太宗、貞觀九年	六三五年	遣使來朝貢物。
太宗貞觀十二年	六三八年	八月，（棄宗弄讚）遣使齎幣求婚，帝不許。弄讚怒，率羊同共擊吐谷渾。及党項、白蘭羌，破之。勒兵二十萬入寇松州。唐將侯君集、執失思力、牛進達、劉蘭擊退之。結果，弄讚懼，引兵退，遣使謝罪，因復請婚。上許之。
太宗貞觀十五年	六四一年	太宗以文成公主妻之，令禮部尚書、江夏郡王道宗主婚，持節送公主於吐蕃。（弄讚）遣子弟入（唐）國學，受詩、書。
太宗貞觀十六年	六四二年	正月，遣使獻方物。
太宗貞觀十九年	六四五年	正月，遣使來賀，各貢方物。

太宗貞觀二一年	六四七年	正月，貢方物。
太宗貞觀二二年	六四八年	五月，右衞率府長史王玄策使往西域，爲中天竺所掠，吐蕃發精兵與玄策擊天竺。
高宗、永徽元年	六五〇年	正月，吐蕃遣使朝貢。五月，壬戌，吐蕃贊普弄讚卒，其嫡子早死，立其孫爲贊普。贊普幼弱，政事皆決於國相祿東贊。祿東贊性明達嚴重，行兵有法，吐蕃所以强大。
高宗、永徽五年	六五四年	八月，吐蕃使人獻野馬百匹及大佛廬。
高宗、顯慶二年	六五七年	十二月，吐蕃贊普遣使，獻金城，城上有獅子、象、駞馬、原羝等，並有人騎并獻金瓮、金頗羅等。
高宗、顯慶三年	六五八年	十月，庚申，吐蕃贊普遣使來請婚。
高宗、龍朔二年	六六二年	十二月，𨚗海道總管蘇海政與西突厥繼往絕可汗擊興昔亡可汗。南弓月部復引吐蕃之衆來，欲與唐決戰；海政以師老不敢戰，以軍資賂吐蕃，約和而還。由是諸部落皆以興昔亡爲寃，各有離心。繼往絕尋卒，十姓無主，有阿史那

高宗、龍朔三年	六六三年	都支及李遮匐收其餘衆附於吐蕃。五月，吐蕃發兵擊吐谷渾，大破之，吐谷渾可汗曷鉢與弘化公主率數千帳棄國走依涼州，請徙居內地。吐蕃取其（吐谷渾）地。
高宗、麟德二年	六六五年	正月，丁卯，吐蕃遣使入見，請復與吐谷渾和親，仍求赤水地畜牧，上不許。閏三月，疏勒、弓月引吐蕃侵于闐，敕西州都督崔知辯、左武衞將軍曹繼叔將兵救之。
高宗、乾封二年	六六七年	二月，生羌十二州爲吐蕃所破。西突厥阿史那步眞死，餘衆附于吐蕃。
高宗、咸亨元年	六七〇年	四月，吐蕃陷西域十八州，又與于闐襲龜茲撥換城，陷之。唐將薛仁貴、阿史那道眞、郭待封以討吐蕃，且援送吐谷渾還故地。
高宗、咸亨三年	六七二年	二月，庚午，徙吐谷渾於鄯州浩亹水南。吐谷渾畏吐蕃之强，不安其居，又鄯州地狹，尋徙靈州，以其部落置安樂

		州，以可汗諸曷鉢爲刺史。吐谷渾故地皆入於吐蕃。四月，吐蕃遣其大臣仲琮入貢。遣都水使者黃仁素使于吐蕃。
高宗、上元二年	六七五年	正月，辛未，吐蕃遣其大臣論吐渾彌來請和。
高宗、儀鳳元年	六七六年	閏三月，吐蕃寇鄯、廓、河、芳等州。唐將令狐智通、劉審禮等十二總管，契苾何力等，向吐蕃討伐。八月，乙未，吐蕃寇疊州。
高宗、儀鳳二年	六七七年	五月，吐蕃寇扶州之臨河鎮，擒鎮將杜孝昇。十二月乙卯，敕關內、河東諸州召募勇敢，以討吐蕃。十姓可汗阿史那匐延都支及李遮匐煽動蕃落，侵逼安西，連和吐蕃。
高宗、儀鳳三年	六七八年	正月，丙子，以李敬玄代劉仁軌爲洮河道大總管兼安撫大使，仍檢校鄯州都督。又命益州大都督府長史李孝逸等發劍南、山南以赴之。曹懷舜等分往河南、北募猛士，討伐吐蕃。

		九月，丙寅，李敬玄將兵十八萬與吐蕃將論欽陵戰於青海之上，兵敗，工部尚書，右衞大將軍彭城僖公劉審禮爲吐蕃所虜。左領軍員外將軍黑齒常之，夜帥敢死之士五百人襲擊虜營，虜衆潰亂，其將跋地設引兵遁之。時吐蕃盡收羊同、党項及諸羌之地，東與涼、松、茂、嶲等州相接，南至婆羅門，西又攻陷龜兹、疏勒等四鎭，北抵突厥，地方萬餘里，自漢、魏已來，西戎之盛，未之有也。
高宗、調露元年	六七九年	二月，壬戌，吐蕃贊普卒，其子器弩悉弄嗣位，復號贊普，時年八歲，國政復委於欽陵。 七月，裴行儉西征，擒十姓可汗阿史那都支，李遮匐亦降之。 十月，癸亥，吐蕃文成公主遣其大臣論塞調傍來告喪，并請和親，上遣郎將宋令文詣吐蕃會贊普之葬。
高宗、永隆元年	六八〇年	七月，吐蕃寇河源，左武衞將軍黑齒常之擊卻之。 十月，丙午，文成公主薨于吐蕃。高宗遣使弔祭。

高宗、開耀元年	六八一年	五月，己丑，河源道經略大使黑齒常之將兵擊吐蕃論贊婆於良非川，破之。吐蕃求和親，請尚太平公主，武后拒絕。
高宗、永淳元年	六八二年	吐蕃將論欽陵寇柘、松、翼等州。詔左驍衞郎將李孝逸、右衞郎將衞蒲山發秦、渭等州兵分道禦之。
則天后垂拱三年	六八七年	十二月，太后欲遣韋待價將兵擊吐蕃。
則天后垂拱四年	六八八年	太后卻發梁、鳳、巴蜑，自雅州開山通道，出擊生羌，因擊吐蕃。正字陳子昂上書。
則天后永昌元年	六八九年	五月，丙辰，命文昌右相韋待價爲安息道行軍大總管，擊吐蕃。韋待價至寅識迦河，與吐蕃戰，大敗。待價除名，流繡州。斬副大總管安西大都護閻溫古。安西副都護唐休璟收其餘衆，撫安西土，太后以休璟爲西州都督。
則天后天授二年	六九一年	五月，以岑長倩爲武威道行軍大總管，擊吐蕃，中道召還，軍竟不出。
則天后長壽元年	六九二年	二月，己亥，吐蕃、党項部落萬餘人內附，分置十州。 五月，吐蕃酋長曷蘇帥部落請內附。

		六月，曷蘇事洩，爲國人所擒。別部酋長皆捶率羌蠻八子餘人內附，玄遇以其部落置萊川州而還。 九月，敕以王孝傑爲武威軍總管，與武衛大將軍阿史那忠節將兵擊吐蕃。 十月，丙戌，（王孝傑）大破吐蕃，復取四鎮。置安西都護府於龜茲，發兵戍之。
則天后延載元年	六九四年	二月，武威軍總管王孝傑破吐蕃教論贊刃、突厥可汗俀子等於冷泉及大嶺，各三萬餘人，碎葉鎭守使韓思忠破泥熟俟斤等萬餘人。
則天后 天冊萬歲元年	六九五年	七月，辛酉，吐蕃寇臨州，以王孝傑爲肅邊道行軍大總管以討之。
則天后 萬歲通天元年	六九六年	九月，吐蕃復遣使請和親，太后遣右武衞冑曹參軍貴鄉郭元振往察其宜。吐蕃將論欽陵請罷安西四鎭戍兵，幷求分十姓突厥之地。 九月，丁己，吐蕃寇涼州，都督許欽明死之。

則天后聖曆二年	六九九年	四月，贊婆帥所部千餘人來降。以贊婆爲特進，歸德王。欽陵子弓仁，以所統吐谷渾七千帳來降，拜左玉鈐衞將軍、酒泉郡公。婁師德爲天兵軍副大總管，仍充隴右諸軍大使，專掌懷撫吐蕃降者。
則天后久視元年	七〇〇年	七月，丁酉，吐蕃將麴莽布支寇涼州，圍昌松，隴右諸軍大使唐休璟與戰於港源谷。
則天后長安二年	七〇二年	九月，己卯，吐蕃遣其臣論彌薩來求和。 九月，戊申，吐蕃贊普將萬餘人寇茂州。
則天后長安三年	七〇三年	四月，吐蕃遣使獻馬千匹、金二千兩以求婚。 吐蕃南境諸部皆叛，贊普器弩悉弄自將擊之，卒於軍中。諸子爭立，久之，國人立其子棄隸蹜贊爲贊普，生七年矣。
中宗、神龍元年	七〇五年	七月，吐蕃大首領贊普卒，帝爲之舉哀廢朝一日。
中宗、神龍三年	七〇七年	三月，丙子，吐蕃贊普遣使大臣悉薰熱獻方物。 四月，辛巳，以嗣雍王守禮女爲金城公主，出嫁吐蕃贊普。
中宗、景龍二年	七〇八年	六月，丙寅，吐蕃使宰相尚欽藏及御史名悉獵，來獻賜一

		書。 十一月，以將軍牛師獎爲安西副都護，發甘、涼以西兵，兼徵吐蕃，以討娑葛。
中宗、景龍三年	七〇九年	二月，吐蕃遣使貢方物。 八月，吐蕃贊普遣使勃祿星奉進國信、贊普祖娑進物。 十一月，乙亥，吐蕃贊普遣其大臣尙贊咄等千餘人迎金城公主。
中宗、景龍四年	七一〇年	正月，上命紀處訥送金城公主適吐蕃，處訥辭；又命趙彥昭，彥昭亦辭。丁丑，命左驍衞大將軍楊矩送之。 末年，唐、吐關係緊張，吐蕃賄賂鄯州都督楊矩，割河西九曲地。
玄宗、先天元年	七一二年	五月，吐蕃遣使獻方物。 八月，吐蕃遣使朝貢。 十月二十六日，遣使來朝。 十二月，吐蕃遣使來朝。

玄宗、開元元年	七一三年	二月，遣使朝貢。
玄宗、開元二年	七一四年	五月，己酉，吐蕃相坌達延遺宰相書，請先遣解琬至河源正二國封疆，然後結盟。琬嘗爲朔方大總管，故吐蕃請之。又命宰相復坌達延書，招懷之。琬上言，吐蕃必陰懷叛計，請預屯兵十萬於秦、渭等州以備之。 六月，丙寅，吐蕃使其宰相尚欽藏來獻盟書。 八月，乙亥，吐蕃將坌達延、乞力徐帥衆十萬寇臨洮，軍蘭州，至于渭源，掠取牧馬。唐將薛訥郭知運、王晙帥兵擊之。 八月，初，鄯州都督楊矩以九曲之地與吐蕃，其地肥饒，吐蕃就之畜牧，因以入寇。矩悔懼自殺。 十月，吐蕃復寇渭源。 十月，乙酉，命左驍衞郎將尉遲瓌使于吐蕃，宣慰金城公主。吐蕃遣其大臣宗俄因矛至洮水請和，用敵國禮，上不許。自是連歲犯邊。

玄宗、開元五年	七一七年	二月，吐蕃圍松州。 二月，癸酉，松州都督孫仁獻襲擊吐蕃於城下，大破之。 八月，吐蕃復請和；上許之。 三月，吐蕃贊普又遣使奉表請和。 七月，壬寅，隴右節度使郭知運大破吐蕃於九曲。安西副大都護湯嘉惠奏突騎施引大食、吐蕃，謀取四鎮。
玄宗、開元六年	七一八年	十一月，戊辰，吐蕃奉表請和，乞舅甥署誓文。
玄宗、開元七年	七一九年	正月，遣使朝貢。 六月，戊辰，吐蕃復遣使請上親署誓文。
玄宗、開元八年	七二〇年	七月，南天竺國王尸利那羅僧伽摩，請以戰象兵馬，討大食及吐蕃。 十一月，吐蕃使蘇和素、董悉曩等來朝貢。 十二月，吐蕃遣使來朝貢。
玄宗、開元十年	七二二年	八月，癸未，吐蕃圍小勃律王沒謹忙。疏勒副使張思禮將蕃、漢步騎四千救之，晝夜倍道，與謹忙合擊吐蕃，大破

玄宗開元十五年	七二七年	之，斬獲數萬。自是累歲，吐蕃不敢犯邊。 正月，涼州都督王君㚟，大破吐蕃於青海之西，虜其輜重，及羊馬而還。 九月，吐蕃之寇瓜州也，遣（突厥可汗）毗伽書，欲與之俱入寇，毗伽并獻其書。 九月，悉諾邏威名甚盛，蕭高縱反間於吐蕃，云與中國通謀，贊普召而誅之；吐蕃由是少衰。 十二月，戊寅，制以吐蕃爲邊患，令隴右道、河西道等，十數萬諸軍兵防禦之。
玄宗開元十六年	七二八年	正月，吐蕃攻瓜州，張守珪出兵擊走之。又兵部尙書蕭嵩、鄯州都督張忠亮，頻破吐蕃軍。 八月，蕭嵩又遣副將杜賓客率弩手四千人與吐蕃戰于祁連城下。 十月，莽悉曩等來朝。
玄宗開元十七年	七二九年	三月，瓜州都督張守珪、沙州刺史賈師順擊吐蕃大同軍，

玄宗開元十八年	七三〇年	大破之。 三月，甲寅，朔方節度使信安王禕攻破吐蕃石堡城。 正月，戊寅，吐蕃靺鞨遣其弟大郎雅來朝賀正獻方物。 四月，吐蕃遣使來朝。 五月，吐蕃遣使致書於境上求和。 九月，吐蕃兵數敗而懼，乃求和親。忠王友皇甫惟明因奏事從容言和親之利。上悅，命惟明與內侍張元方使于吐蕃。 十月，遣其大臣論名悉獵隨惟明入貢，自是吐蕃復款附。
玄宗開元十九年	七三一年	正月，辛未，遣鴻臚卿崔琳使于吐蕃。 九月，辛未，吐蕃遣其相論尚它硉入見，請於赤嶺爲互市；許之。
玄宗開元二一年	七三三年	正月，又制工部尙書李暠往聘吐蕃。 二月，丁酉，金城公主請立碑於赤嶺以分唐與吐蕃之境，許之。 七月，吐蕃遣宰相論紇野贊等來朝，且通和好。

玄宗開元二二年	七三四年	正月，吐蕃遣使來朝。 六月，遣將軍李佺於赤嶺與吐蕃分界立碑。
玄宗開元二三年	七三五年	二月，吐蕃贊普遣其臣悉諾勃藏來賀正貢獻方物。 三月，命內使竇元禮使於吐蕃，使悉諾勃藏還蕃，命通事舍人楊紹賢往赤嶺，以宣慰焉。
玄宗開元二四年	七三六年	正月，吐蕃遣使貢方物。 某年，吐蕃西擊勃律，遣使來告急，上使報吐蕃，令其罷兵。吐蕃不受詔，遂攻破勃律國。
玄宗開元二五年	七三七年	三月，河西節度使崔希逸，發兵自涼州南入吐蕃二千餘里，至青海西，與吐蕃戰，大破之，自是吐蕃復絕朝貢。 十二月，吐蕃遣其大臣屬盧論莽藏來朝，且獻方物。
玄宗開元二六年	七三八年	三月，吐蕃寇河西，節度使崔希逸擊破之。鄯州都督、知隴右留後杜希望攻吐蕃新城，拔之，以其地爲威戎軍。 六月，河西節度使崔希逸、隴右節度使杜希望、劍南節度使王昱，分道經略吐蕃，仍毀所立赤嶺碑。

玄宗開元二七年	七三九年	七月，杜希望將鄯州之衆奪吐蕃河橋，築鹽泉城於河左。左威衞郎將王忠嗣，置鎭西軍於鹽泉。九月，劍南節度使王昱築兩城於其（安戎城）側，頓軍蒲婆嶺下。吐蕃大發兵救安戎城。八月，壬午，吐蕃寇白草、安人等軍，隴右節度使蕭炅擊破之。
玄宗開元二八年	七四〇年	三月，章仇兼瓊潛與安戎城中吐蕃翟都局及維州別駕董承晏結謀，使翟都局開門引內唐兵，盡殺吐蕃將卒。六月，吐蕃圍安戎城。十月，吐蕃寇安戎城及維州，發關中彍騎救之，吐蕃引去。十二月，金城公主薨，吐蕃告喪，且請和，上不許。
玄宗開元二九年	七四一年	三月，遣使來朝。六月，吐蕃四十萬攻承風堡，至河源軍，西入長寧橋，至安仁軍，渾崖峯騎將盛希液以衆五千攻而破之。八月，遣使貢方物。

玄宗、天寶元年	七四二年	十二月，乙已，吐蕃屠（廓州）達化縣。九月，護密先附吐蕃，戊午，其王頡吉里匐遣使請降。十二月，隴右節度使皇甫惟明奏破吐蕃大嶺等軍；戊戌，又奏破青海道莽布支。庚子，河西節度使王倕奏破吐蕃漁海及遊奕等軍。
玄宗、天寶二年	七四三年	四月，丁亥，皇甫惟明引軍出西平擊吐蕃，行千餘里，攻洪濟城，破之。
玄宗、天寶四年	七四五年	九月，隴右節度使皇甫惟明與吐蕃戰于石堡城，爲虜所敗，副將褚詡戰死。
玄宗、天寶六年	七四七年	八月，仙芝虜小勃律王及吐蕃公主而還。
玄宗、天寶七年	七四八年	十二月，哥舒翰築神威軍於青海上，吐蕃至，翰擊破之。又築城於青海中龍駒島，謂之應龍城，吐蕃屏跡不敢近青海。
玄宗、天寶八年	七四九年	六月，以哥舒翰爲隴右節度使，攻而拔之，改石堡城爲神武軍。（註一）。

		六月，哥舒翰帥隴右、河西及突厥阿布思兵，益以朔方、河東兵，凡六萬三千，攻吐蕃石堡城。唐士卒死者數萬。翰又遣兵於赤嶺西開屯田，以謫卒二千戍龍駒島，冬合冰，吐蕃大集，戍者盡沒。
玄宗、天寶九年	七五〇年	十一月，乙未，吐火羅葉護失里怛伽羅遣使表稱：「朅師王親附吐蕃，困若小勃律鎮軍，阻其糧道。」 二月，安西節度使高仙芝破朅師，虜其王勃特沒。 十二月，關西遊奕使王難得擊吐蕃，克五橋，拔樹敦城；以難得爲白水軍使。 安西四鎮節度使高仙芝僞與石國約和，引兵襲之，虜其王及部衆以歸，悉殺其老弱。
玄宗、天寶十年	七五一年	四月，壬午，劍南節度使鮮于仲通詔南詔蠻，大敗於瀘南。 南詔王閣羅鳳，叛唐北臣於吐蕃，號曰東帝。
玄宗天寶十一年	七五二年	六月，甲子，楊國忠奏吐蕃兵六十萬救南詔，劍南兵擊破之於雲南，克故隰州等三城，捕虜六千三百，以道遠，簡

		壯者千餘人及酋長降者獻之。
玄宗天寶十二年	七五三年	五月，隴右節度使哥舒翰擊吐蕃，拔洪濟、大漠門等城，悉收九曲部落。（註二）。 是歲，安西節度使封常清擊大勃律，至菩薩勞城。
玄宗天寶十三年	七五四年	七月，癸丑，哥舒翰奏：於所開九曲之地置洮陽、澆河二郡及神策軍。（註三）。
玄宗天寶十四年	七五五年	十二月，壬辰，（安祿山反叛）上下制欲親征，其朔方、河西、隴右兵留守城堡之外，皆赴行營，令節度使自將之。 是年，贊普乞黎蘇籠獵贊死，大臣立其子婆悉籠獵贊爲主，復爲贊普。

【附註】

註一　資治通鑑述玄宗天寶八載；而舊唐書述玄宗天寶七載。

註二　資治通鑑述玄宗天寶十二年五月；新唐書述玄宗天寶十三年三月。

註三　資治通鑑述玄宗天寶十三年，秋，七月，癸丑；而新唐書卷二百一十六上，吐蕃上載玄宗天寶十二年：「於是置神策軍於臨洮西、澆河郡積石西，及宛秀軍以實河曲。

第四節　大食東侵西域

唐時之大食即漢代之條枝國，因條支，大食皆波斯語之Tajik譯音，即阿拉伯。大食國始創於謨罕默德（Muhammed ），亦伊斯蘭教（回教）之創始人，卒後。其岳父阿布伯克（Aub Bekr）繼立，一時東征波斯，西伐羅馬皆勝利，國勢大振。唐高宗永徽二年（西元六五一年），始通中國。及後倭馬亞朝（註一），衣尚白衣，中國稱爲白衣大食。敎徒有不服者，另立伊馬姆，是爲十葉敎派，衣尚綠。唐玄宗天寶八年（西元七四九年），國人推翻倭馬亞朝而立謨罕默德後裔阿拔斯爲哈里發，是爲阿拔斯朝，衣尚黑，國人稱爲黑衣大食。

白衣大食時期，適値唐高宗收撫葱嶺以外諸國，亦即大食東進併波斯之日，諸國被大食壓迫，而自願歸附唐室。高宗中葉以後，吐蕃在天山南路勢力强盛，隴右不安，無暇顧及葱嶺以外諸國。高宗儀鳳元年（西元六七六年），大食王子柘濟特將兵攻下撒馬兒罕。中宗嗣聖元年（西元六八四年），大食又北侵康國，康國出兵抗拒，拒戰凡三十五年，此時則天后正式臨朝，國威不振，又吐蕃佔據天山南路，故亦不能出兵相救。中宗景龍三年（西元七〇九年），大食名將屈底波（Kutaiba）降服安國。唐玄宗先天元年（西元七一二年），屈底波領兵復圍康國。康國王烏勒伽求救於石國及拔汗那，二國派兵往救，但爲大食所敗，康國不支投降。於是大食併呑阿姆河、錫爾河附近各部族，及西天竺之信地，從前爲唐之州府，至此成爲大食之屬國。

到唐玄宗卽位時，唐勵精圖治，國勢復振，西域四鎭復駐有重兵。玄宗開元三年（西元七一五年），大食與吐蕃以阿了達爲拔汗那王，以兵攻拔汗那，而助其返國。時唐監察御使張孝嵩出巡安西，知悉大食軍將侵至葱嶺以東一帶，與安西都護唐休璟統兵萬餘人出龜茲西數千里，大敗阿了達，唐威復振於葱嶺外，而與大食勢力於西域短兵相接。直至玄宗開元二十七年（西元七三九年），石、史二國助磧西節度使蓋嘉運擒吐火仙，拔汗那助疏勒鎭守使夫蒙靈詧斬黑姓可汗，唐之聲威在中亞復振，阿姆河、錫爾河一帶諸國始解除大食之鐵蹄之下。

大食勢力雖稍戢，可惜高仙芝在怛羅斯一役敗北，唐之聲威在中亞敗壞淨盡。唐玄宗天寶九年（西元七五〇年），高仙芝彈劾石國王無藩臣禮，請進兵討之。十二月詐約石國王來降，獻於京師，斬之。又殺其老弱，虜其少壯。掠取其珍寶，國人大號哭，諸蕃皆憤怨，石國王子乞師於大石（註二），合九國胡（昭武九姓）兵將，進攻四鎭。唐玄宗天寶十年（西元七五一年），四月，高仙芝領漢蕃兵三萬人，至怛邏斯城，與大食兵相持五日，葛邏祿部倒戈，與大食夾攻唐軍，高仙芝大敗，自此以後，諸國復附於大食，而唐室兵馬亦絕跡於葱嶺外。

【附　註】

註　一　倭馬亞朝，建於唐高宗龍朔初嗣位時。

註　二　大石，即黑衣大食。

第五節　唐時吐蕃贊普世系表

唐時吐蕃贊普世系表，根據新唐書、舊唐書、册府元龜、資治通鑑、唐會要，諸書摘錄，茲列表分述如下：

唐年號	西元	世系	贊普
太宗、貞觀？年	？—	1.	棄宗弄讚（松贊甘布，松贊岡普，松贊幹布，松贊甘布）。
太宗、永徽元年	六五〇年		
			貢日貢贊（早己）。
高宗、永徽元年	六五〇—	2.	芒松芒贊
高宗、調露元年	六七九年		
高宗、調露元年	六七九—	3.	器弩悉弄（都松芒薄傳）
則天后長安四年	七〇四年		
中宗、神龍元年	七〇五—	4.	棄隸縮贊（墀德祖敦）
玄宗天寶十四年	七五五年		
玄宗天寶十四年	七五五年	5.	乞黎蘇籠臘贊（墀松得簪，天孫德著，赤松德贊）
玄宗天寶十四年	七五五—	6.	娑悉籠臘贊
德宗、建中元年	七八〇年		
德中、建中元年	七八〇—	7.	乞立贊（戶盧乞立贊牟尼贊普）

德宗貞元十三年	七九七年		
德宗貞元十三年	七九七—	8.	足之煎
德宗貞元二十年	八〇四年		
德宗貞元二十年	八〇四—	9.	某
憲宗、元和十年	八一五年		
憲宗、元和十年	八一五—	10.	彝泰贊普可黎可足（墀惹巴膽，拉爾巴膽，熱巴金）
文宗、開成三年	八三八年		
文宗、開成三年	八三八—	11.	達磨
武宗、會昌二年	八四二年		
武宗、會昌二年	八四二—	12.	乞離胡（綝氏）
？年	？年		
唐？年	？年—	13.	拔匡贊（白軻尊）
唐？年	？年		

第五章　唐與西南、北邊諸國之關係

第一節　薛延陀與回紇

鐵勒是突厥之北鄰，其部落有十五種之多，有薛延陀、契苾、迴紇、都播、骨利幹、多覽葛、僕骨、拔野古、同羅、渾部、思結、斛薛、奚結、阿跌、白霫等（註一）。在今西伯利亞及外蒙古北部一帶，突厥强盛時，臣屬於突厥。東突厥頡利可汗時，薛延陀與回紇、拔野古等叛變，鐵勒諸部中，薛延陀勢力最强大，其地東至靺鞨（註二），西至西突厥，南接沙磧（註三），北至俱倫水。

唐太宗貞觀二年（西元六二八年），西突厥葉護可汗卒，其國大亂。乙失鉢可汗孫夷男，率部帳七萬東附頡利可汗。頡利可汗被衆叛，共推夷男爲主，夷男不敢當。太宗册封薛延陀夷男爲眞珠毗伽可汗，與之共圖頡利可汗，建牙帳於鬱督軍山（註四），回紇、拔野古、阿跌、同羅、僕骨、霫諸部都臣屬於薛延陀。頡利可汗卒，夷男率部落移庭至獨邏水（註五）

南之都尉犍山（註六），有勝兵二十萬，其勢甚强。太宗貞觀十三年（西元六三九年），命李思摩率突厥降衆徙居「河北」（註七）；太宗並賜眞珠毗伽可汗璽書，命與李思摩各守疆土，不可踰越。唐太宗貞觀十五年（西元六四一年），唐以李思摩爲突厥可汗，眞珠毗伽可汗以二十萬兵渡沙漠南擊李思摩，李思摩率衆逃入長城，保朔州，遣使告急。唐派李世勣爲朔州道行軍總管，擊敗薛延陀眞珠毗伽可汗，但突厥俟利必可汗李思摩終不敢再回河北。太宗貞觀十六年（西元六四二年），秋，九月，遣其伯父沙鉢羅泥熟俟斤來請婚，被拒婚；太宗貞觀十七年（西元六四三年），遣使獻物求婚，復被唐拒婚。

唐太宗貞觀十九年（西元六四五年），眞珠毗伽可汗卒，其子拔灼繼立，是爲多彌可汗，多彌可汗猜忌好殺，不爲部隊所附。是歲，多彌可汗乘唐伐高麗而南侵，爲唐軍大敗於夏州。唐太宗貞觀二十年（西元六四六年），回紇酋長吐迷度與鐵勒部族之僕固、同羅共擊薛延陀，殺多彌可汗，回紇佔其地，並與鐵勒其他部落，相繼入貢於唐。薛延陀餘衆七萬口向西奔逃，又爲唐將李世勣等擊殺五千人，俘虜老弱三萬人，薛延陀至此而亡，唐遣使招撫鐵勒諸部，諸部酋長皆請入朝。唐太宗貞觀二十一年（西元六四七年），唐改鐵勒諸部爲府州，各以其酋長爲都督刺史。諸酋長並請於回紇以南，開一「參天可汗道」，置六十八驛，以便朝獻，太宗許之。是歲，唐置燕然都護府於故單于臺（註八），以統其地，唐之北邊平定。（註九）

薛延陀亡後，鐵勒中之回紇興起。回紇最初名曰烏揭，又名丁零，或曰高車，又曰袁紇。至隋時則曰烏護，亦曰韋紇，又曰烏紇，唐初稱爲回紇，實皆（Ugures）字音之轉譯，至唐德宗貞元元年（西元七八五年），請唐改爲回鶻。

回紇初居漠北獨邏水，其族驍强，初無酋長，逐水草而居；善騎射，喜盜鈔，生活皆俗與突厥相似，後叛突厥自立，自爲俟斤。回紇姓菜羅葛氏，叛突厥後西移薛延陀北娑陵水（註十）上，距京師七千里。有名時健者，衆推爲酋長，時健卒，子菩薩立，驍勇有謀略，戰必身先士卒，頗得部衆擁戴。唐太宗貞觀元年（西元六二七年），回紇菩薩與薛延陀聯兵，大破東突厥頡利可汗兄子欲谷設十萬衆，其勢力遂威振，因附於薛延陀，建牙帳於獨邏水上，號活頡利發，旋戰勝薛延陀，併有其地，雄視北方。唐玄宗天寶三年（西元七四四年），回紇大酋骨力裴羅自立爲咄祿毗伽闕可汗，與葛邏祿拔悉密共殺突厥白眉可汗而滅之，遣使言狀，唐册封爲懷仁可汗。又盡得突厥故地，立牙帳於德鞬山（註一一）與昆河（註一二）之間，領地東極室韋，西抵金山，南至黃河，即今外蒙古一帶爲根據地，爲塞外大國。唐玄宗天寶四年（西元七四五年）懷仁可汗卒，子磨延啜立，號葛勒可汗，適唐安史之亂，唐借回紇兵以平叛亂，可見其勢之盛。肅宗至德二年（西元七五七年），回紇葛勒可汗派其太子葉諜將兵四千助唐，大敗安祿山，攻下長安時，唐曾與約，克城之日，土地士遮歸唐，金帛子女歸回紇。回紇成爲唐室平亂之一大助力。

唐文宗開成四年（西元八三九年），回紇由盛轉衰，相掘羅勿將兵在外，以馬三百賂沙陀朱邪赤心，借其兵攻唐而敗，其勢轉弱。唐文宗開成五年（西元八四〇年），黠戛斯（註一三）乘回紇衰落，與回紇別將句錄莫賀勾結，發兵十萬，大破回紇，焚其牙帳，回紇諸部逃散。一部南來投唐，奉烏介爲可汗，被唐所滅；一支西奔葛邏祿（註一四），一支奔吐蕃之甘州，一支奔安西（註一五），這三支是最初入住天山南路、天山北路之回紇部族。

【附註】

註一　舊唐書卷一百九十九下　列傳第一百四十九下　北狄。
註二　靺鞨，今松花江下流一帶地方。
註三　沙磧，今外蒙古沙漠。
註四　鬱督軍山，今外蒙古杭愛山北。
註五　獨邏水，今外蒙古土拉河。
註六　都尉犍山，卽烏德鞬山，今都蘭哈拉山。
註七　河北，今套外地方。

註八　單于臺，今綏遠歸綏縣西。
註九　資治通鑑卷一百九十八　唐紀十四　太宗貞觀二十一年（六四七年）。
註一〇　娑陵水，今色楞格河。
註一一　德鞬山，又曰烏德鞬山，在今外蒙古杭愛山北。
註一二　昆河，今外蒙古鄂爾渾河畔。
註一三　黠戛斯，古之堅昆，唐初曰結骨，今之新疆及中亞之柯爾克孜。
註一四　葛邏祿，在北庭以西至吹河一帶地方。
註一五　安西，今新疆庫車。

第二節　吐谷渾與黨項

吐谷渾可汗伏允，乘隋末之亂，恢復故土，據地千里，包括青海省巴顏喀喇山以北，新疆省東南隅之地。唐高祖即位後，伏允質子順於高祖武德二年（西元六一九年），自江都還長安，時李軌據涼州，高祖遣使與伏允連和，使擊李軌，並送順歸國。

唐高祖武德五年（西元六二二年），五月，癸丑，吐谷渾寇洮、旭、疊三州，岷州總管李長卿擊破之。是歲八月，甲戌，吐谷渾寇岷州，敗總管李長卿，益州行臺右僕射竇軌擊敗之。唐高祖武德八年（西元六二五年），派李安遠出使吐谷渾，許與其於邊陲互市，吐谷渾始遣使朝貢，邊境漸安。

唐太宗貞觀八年（西元六三四年），吐谷渾寇涼州，太宗命李靖、侯君集等幷突厥、契苾之衆擊吐谷渾。太宗貞觀九年（西元六三五年），夏，閏四月，癸酉，任城王道宗敗吐谷渾於庫山（註一），伏允輕兵逃入磧中，李靖與侯君集率軍分南北兩路推進，搜索伏允。侯君集自南路行無人之地二千餘里，追及伏允於烏海（註二），大破之，伏允遠遁。李靖率軍歷經吐谷渾西境，時伏允逃至突倫川，李靖引兵擊破其牙帳，斬首數千，獲雜畜二十餘萬，並俘伏允妻子。伏允逃走，爲部衆所殺。

伏允既敗，其子順，斬天柱王，擧國請降，唐立順爲吐谷渾王，以統其國，順因久居唐國人不附，不久竟爲部衆所殺，國內大亂。唐派侯君集率兵赴吐谷渾，立其子諾曷鉢爲可汗。唐太宗貞觀十年（西元六三六年），三月，丁酉，吐谷渾王諾曷鉢遣使請頒曆行年號，遣子弟入侍，並從之。丁未，以諾曷鉢爲河源郡王、烏地也拔勤豆可汗（註四）。太宗貞觀十三年（西元六三九年），吐谷渾諾曷鉢入朝，太宗妻以宗女弘化公主，自此後吐谷渾歲歲遣使朝貢。

唐太宗貞觀十五年（西元六四一年），吐谷渾丞相宣王專國政，陰謀襲弘化公主，劫其王諸曷鉢奔吐蕃。諸曷鉢聞之，輕騎奔鄯善城。宣王爲唐將席君買所誅，其國始定。高宗龍朔三年（西元六六三年），吐蕃攻吐谷渾，其臣素和貴有罪，逃奔吐蕃，且言吐谷渾虛實。吐蕃發兵擊吐谷渾，大破之，吐谷渾可汗諸曷鉢與弘化公主率數千帳走涼州，高宗命涼州都督鄭仁泰爲青海道行軍大總管，率兵救之。高宗咸亨元年（西元六七〇年），派薛仁貴往救援，大非川之戰，薛仁貴敗績，吐谷渾之地，盡爲吐蕃所併吞。

党項屬西羌種，魏、晉之後，甚爲衰落，至北周，始漸强大。其地於今四川、西康、青海三省之邊境交通地區，卽今積石山黃河上源一帶。其國土連亙三千里，北與吐谷渾爲鄰，西與吐蕃接壤。國內山谷崎嶇，部落衆多，不相統一，而以拓拔氏爲最强。

唐太宗貞觀三年（西元六二九年），党項酋長細封步賴率衆內附，其後諸姓酋長相率部落皆來歸唐，太宗列其地爲崌、奉、巖、遠四州，以諸酋長爲刺史。唯諸酋之一之拓拔赤辭，因與吐谷渾可汗伏允賜善，拒不歸附唐。李靖擊吐谷渾，厚賂党項，使其爲嚮導。及吐谷渾平，拓拔赤辭與唐將李道彥發生衝突，拓拔赤辭擊敗李道彥，唐師死數萬人。其後唐數次派人招撫，於是拓拔赤辭率衆內屬，唐拜拓拔赤辭爲西戎州都督，賜姓李氏，自此職貢不絕（註五）。河首（註六）積石山以東地區，皆爲唐室所有。唐高宗時，吐蕃强盛，拓拔氏爲吐蕃所迫，請求內徙，唐室移其部落於慶州（註七），置靜邊等州以處之。党項故地陷於吐蕃，沒有遷出，爲其役屬。党項之外有黑党項、雪山党項等部落，亦淪爲吐蕃之臣屬。

【附註】

註一　庫山，今青海湖西和碩特旗境。

註二　烏海，今青海湖南。

註三　突倫川，在今青海省西境。

註四　資治通鑑卷一百九十四　唐紀十　太宗貞觀十年（六三六年）。

註五　舊唐書卷一百九十八　列傳第一百四十八　西戎　党項羌傳。

註六　河首，黃河發源地。

註七　慶州，今甘肅慶陽縣。

第六章　唐在西域之後期情況

唐自高仙芝在怛羅斯一役敗北後，影響唐之聲威非鮮。中亞一失，則天山南路、天山北路動盪不安，當時葱嶺以西爲大食之勢力，天山南路爲吐蕃之勢力，加之漠北回紇、黠戛斯等部族復興，天山北路遂成爲彼等之爭奪目標，唐因吐蕃在後方猖獗，西域力量漸由吐蕃所替代。

唐在西域衰落原因之一，亦由內亂所造成。唐玄宗天寶十四年（西元七五五年）十一月，范陽節度使安祿山造反於范陽（註一），糾合十五萬衆，號稱二十萬陷東京（註二），迫長安，隴右節度使哥舒翰調兵，東扼潼關，西邊空虛，吐蕃乘機入侵，陷隴右各州縣，唐代宗廣德元年（西元七六三年），隴右盡爲吐蕃所有。是歲，吐蕃入犯長安，爲郭子儀擊退，自此中原通西域之道路隔阻，音問不通。當時北庭節度使李元忠，安西四鎮留後郭昕（註三），堅守待援，數遣使奉表，但爲吐蕃所阻，音訊不通達十餘年之久。至德宗建中二年（西元七八一年）六月，李元忠、郭昕，遣使由間道歷諸胡經回紇（註四）中入朝，德宗大喜，知悉李元忠、郭昕等仍於苦難中支撐，於七月，戊午朔，加元忠北庭大都護，賜爵寧塞郡王以昕爲安西大都護、四鎭節度使，賜爵武威郡王；將士皆遷七資（註五）。回紇旣准假道，於是乃與回鶻（註六）連和。但回鶻貪暴，請求無厭，北庭近回鶻，故受害益烈。沙陀突厥部落和葛邏祿三部等均遭回鶻肆虐，吐蕃乃連葛邏祿爲內應以謀北庭。唐德宗貞元六年（西元七九〇年），吐蕃陷北庭都護府，回鶻遣兵協助，戰不利，北庭之人旣苦回鶻，乃與沙陀部降於吐蕃。北庭節度使楊襲古與麾下二千餘人出奔西州，後楊襲古被回鶻之頡利迦斯所殺，西域遂絕，安西、西州均次第被吐蕃所奪。

吐蕃勢力取得北庭後，整個天山南路幾爲其所統治。北庭之西至吹河流域爲葛邏祿勢力範圍，葱嶺西爲大食，黠戛斯據有今之唐努烏梁海北至西伯利亞多木斯克一帶。黠戛斯在唐太宗貞觀十二年（西元六三八年），曾遣使來朝，太宗以其地爲堅昆都督府，肅宗乾元元年（西元七五八年）至乾元二年（西元七五九年）爲回紇所破，自是不能通。但黠戛斯人善攻戰，於文宗開成五年（西元八四〇年），大破回鶻，殺其可汗，焚其牙帳。黠戛斯破回鶻後，遣使入朝。武宗會昌二年（西元八四二年），武宗命持節撫之，並欲聯黠戛斯以制回鶻與吐蕃，然終未成功，雖於宣宗時，曾收復隴右西域通道，但終因唐力量不足，難以驅逐吐蕃與回鶻在西域之勢力。

【附註】

註一　范陽，治幽州，今大陸之北平，或曰北京。

註二　東京，今河南洛陽縣。

註三　郭昕，郭子儀之弟。

註四　當時大漠南北全爲回紇所佔有。

註五　資治通鑑卷二百二十七　唐紀四十三　德宗建中二年（七八一年）。

註六　回鶻乃回紇，因當時已改回鶻，故述回鶻。

第七章　唐時西域之文明

唐代勃興，開拓疆土，遠逾中亞細亞，且因政治開明，無種族界限之分，故中西交通頻繁，商賈交易，使節往還，直接或間接促成中西文化交流，發揚中國文化，尤以西突厥、大食、回紇等族之東西激盪，成爲東西文化交流之走廊；而佛教、祆教、回教等宗教傳播及發揚，使唐代之歷史有極燦爛輝煌之一頁。

第一節　交通與通商概況

唐對西域之交通，自敦煌出發，分爲三道：北道從伊吾、經蒲類海（註一）、鐵勒部、突厥可汗庭（註二）、渡北流河水，至拂菻國（註三），達於西海（註四）；中道自高昌、焉耆、龜茲、疏勒、越葱嶺，經拔汗那、昭武九姓地至波斯，達於西海；南道從鄯善（註五）、于闐、朱俱波（註六）、喝盤陀、渡葱嶺，經吐火羅，至北婆門（註七），達於西海。適値此時通地中海、羅馬及印度之道路暢通，唐時中西貿易及文化，大都是經此三道彼此交易往返。

根據史籍記載，西域往來中國通商者，不是始於唐代，漢代與西域，已經非常發達，至唐代中西交通與貿易，有進一步之發展。唐時，當吐蕃陷隴右，交通中斷，但胡商漢賈亦照常進行貿易。西突厥控制中亞時，即控制該地區之絲絹貿易。回紇復興時，漢商多請回紇族人掩護和假道而西去貿易，自然對文化之傳播而厥功至偉。唐平西突厥後，打開東西交通孔道，東西商賈則穿梭西域絡繹不絕，當時河西之都會涼州一時成爲西商漢賈之聚集貿易中心。隋時有四十餘國西商曾至該地，唐自取得天山南路，商路暢通，來往更爲便利，胡人往來通商，更見踴躍。當時除海上交通外，陸路交通之集會點爲涼州，再轉至長安。胡商旣絡繹東來，中國商人亦遠至中亞、波斯及印度等地。

中西交通與貿易如此繁榮興盛，唐爲此而設互市監，負責管理蕃國貿易事務，並在西域之天山南路四鎭、天山北路之輪臺等處，徵收胡賈商稅。

【附註】

註一　蒲類海，今鎭西巴里坤湖。

註二　突厥可汗庭，在今蘇聯之哈薩克共和國地方。

註三　拂菻國，卽羅馬。

註四　西海，今地中海。

註五　鄯善，在羅布泊南，非今之鄯善。

註六　朱俱波，今葉城縣。

註七　北婆門，卽北印度。

第二節　唐代文化對西域之影響

西域諸國，來唐之西域人，有使節固爲政治關係，但多爲商賈、僧侶，他們往來其間，對於中國文化易於接受，此亦影響中國文化甚鉅，但亦影響西方，因爲唐代文化在當時並不弱於西方諸國。

觀乎西域之文化及遺物之發現，自唐太宗貞觀四年（西元六三〇年）開始，至吐蕃陷四鎭百餘年之經營，可見一斑。吐蕃未通中國之前，文化低落，生活簡陋，至棄宗弄讚時，始與唐交往，因此大量吸收中國文化，改革種種陋習，而奠定强國之規模。

吐蕃衣服，均以牛羊毛織成，棄宗弄讚自見唐服飾禮儀之美，大爲驚嘆羨慕，率先釋氈裘，襲紈綺，漸慕唐風。又遣諸酋豪子弟，來唐留學，以習詩書，此爲吐蕃接受中國高等文化之始。更請中國識文之人，典其章疏，吐蕃人民，知識日開。

近代在新疆出土遺物發現，唐代文獻，其數量及種類甚多。如日本人羽田在吐魯番一帶獲得之鄭玄註釋之論語斷片，又在庫車附近獲得之漢書張良傳斷片，史記仲尼弟子列傳寫本殘片，皆是唐代寫本，足以說明唐之文化力量。此外，勒可斯在吐魯番之西雅爾湖掘獲之回鶻文書，有卦象，與我國易經有直接關係。更有在高昌回鶻部族中，用拉丁語之摩尼教徒，其所遺曆書，爲德國探險家所獲，乃以拉丁、中國、突厥三種名稱記每一日，即先爲拉丁語特語之七曜日，次爲中國十二時辰之譯音，三爲拉丁語之鼠、牛、虎、兔等十二獸名，又有拉丁語所譯中國金、木、水、火、土五行之名稱，此三種文明之混合曆，爲中西文化史上極爲重要之發現。

其他如漢文佛教典籍之翻譯，毛筆、硯臺、箸等之發現，回鶻字買賣文契之採用唐代文書形式，敦煌發現之回鶻佛經之回鶻語讀漢字，上述諸種文件及遺物，均足以證明是受唐代文化之影響。更有西域出土之長安製造之絲織物，其花紋充份表現中西文化混合之痕跡。各處佛洞之壁畫，亦多表現唐人手筆，但成爲中西混合之藝術，無論用紙、絹、麻布所繪之畫，亦多唐代年號，此亦可謂唐代藝術西方之影響，然所表現者爲唐代藝術之進步。

中國發明物之西傳，有養蠶術、造紙術及印刷術。根據玄奘著大唐西域記中記載：「于闐國王向東國求婚，女納蠶於帽中帶入蠶種」。養蠶術隨新婦傳入。北史載高昌國土宜蠶；又云于闐土宜桑。中國之養蠶術先至高昌而後傳至于闐，再西越葱嶺而傳入波斯。

造紙術之西傳，自高仙芝於唐玄宗天寶十年（西元七五一年），在怛邏斯爲大食所敗，軍中有善造紙者，被大食所俘，送至康國造紙，從此造紙術遂由伊斯蘭教國家，傳至西方。

中國印刷術之西傳，英籍奧人斯坦因（Sir Á. Stein）曾作證明，根據他在甘肅敦煌曾發現題名「大聖毗沙門天王」畫像，和「大慈大悲救苦觀世音菩薩」畫像，皆木版而印於紙上。及甘肅敦煌石室之刻本金剛經，題「咸通九年四月十五日王玠爲二親敬造普施」字樣，咸通九年，卽西元八六八年，唐懿宗年代。由此可確實爲唐時之印刷術無疑。

第三節　西域文化之東傳入唐

㈠ 天竺學術之東傳

唐時西域文化東傳，除宗教外，有天竺學術、樂舞百戲，熬糖法及棉花之傳入。

天竺學術，包括曆法、占星術、醫術等。印度天文曆算之發達，據舊唐書西戎傳云：「天竺國有文字，善天文算曆之術。」（註一）。唐初，西域諸國之天算家及天算書相繼東來，唐玄宗開元七年（西元七一九年），罽賓國遣使來朝，進天文經一夾（註二）。

唐高宗、玄宗時，天竺瞿曇氏參加修曆，且負盛名。高宗、則天后時，有瞿曇羅者，爲著名天文家。高宗麟德二年（西元六六五年），高宗命太史瞿曇羅上經緯曆法九卷，詔令與麟德曆相參行（註三）。則天后聖曆元年（西元六九八年），瞿曇羅又奉詔撰光宅曆。至玄宗時，又有瞿曇謙，以善算著稱，作大唐甲子元曆一卷。玄宗開元六年（西元七一八年），命太史監瞿曇悉達，受詔譯九執曆。玄宗開元九年（西元七二一年），因高宗時代之麟德曆推算日蝕無效，玄宗又詔令唐僧一行（註四）作大衍曆，大衍曆採天竺曆法作編撰。唐德宗建中元年（西元七八〇年）至建中四年（西元七八三年），有曹士蔿撰七曜符天曆，亦採自天竺曆法。由此可知，唐時之各種曆法，多以天竺曆法爲藍本而編撰。

天竺之占星術，在唐時所用之七曜、九曜曆，多流於占卜吉凶善惡事。甘肅敦煌發現之七曜曆日、七曜星占書等，即唐時之占星術書。又見於佛典者之占星術，如唐釋不空譯李淳風之吉凶時日善惡宿曜經；唐僧一行撰之七曜星辰別行法、北斗七星護摩法等。

天竺傳來之天算書，多由來唐之天竺著名天文家傳揚，自唐高宗至玄宗時代，天竺人入仕中國而與矩摩羅、迦葉、瞿曇等三大天文家有關者，如天文家俱摩羅、迦葉濟、瞿曇羅、瞿曇譔、瞿曇悉達等人。瞿曇悉達曾撰開元占經。都利聿斯經、聿斯四門經，皆天竺傳入唐之天文書。

唐太宗貞觀二年（西元六四八年），王玄策征天竺時，曾帶回懂天竺醫術之方士那羅爾婆娑，天竺之醫術由此時傳入唐。至高宗時代，東天竺之盧迦逸多，亦懂醫術。是時天竺之眼科醫術亦傳至唐。天竺佛徒龍樹大師，擅長眼科醫術，他並有醫論，流傳中國，此外如催眠術、按摩法、長生術等，也是由天竺傳至唐的。

(二) 音樂、舞蹈之東傳

唐之音樂乃多元化者，有取自隋及西域諸國傳入之樂曲。當時之西域音樂如：西涼樂，是呂光、沮渠蒙遜等據涼州時變龜茲樂而成，號為秦漢伎。龜茲樂（註五）、疏勒樂（註六）、康國樂（註七）、安國樂（註八）、高昌樂（註九）、天竺樂（註一〇），上述七種音樂皆西域系之音樂，流行於當時之宮廷及民間。加上燕樂、清樂、高麗樂統稱為十伎。

西域舞蹈傳入於唐，有健舞、軟舞、字舞及花舞。其他為西域傳來之百戲及幻術，百戲在唐玄宗時代以後，流行民間。幻術因高宗惡其驚俗，曾制西域關令，不准入唐；但至睿宗時，有幻人來獻技，極受當時唐之宮廷及民間歡迎。

㈢ 熬糖法及棉花之東傳

西域之熬糖法，於唐太宗貞觀二十一年（西元六四五年），傳自中天竺屬國摩揭它（註二一），遣使自通於天子，獻波羅樹，樹類白楊。太宗遣使取熬糖法，即詔楊州上諸蔗，搾汁，如法製造，色味都比西域為佳，是為蔗糖製法傳入中國之始。

棉產於天竺，棉名古貝草，麤者名古貝，細者名白氈。唐時之高昌已有白氈，故棉種由高昌傳入唐。

【附註】

註一　舊唐書卷一百九十八　列傳第一百四十八　西戎傳之天竺國。

註二　舊唐書卷一百九十八　列傳第一百四十八　西戎傳之罽賓國。

註三　唐會要卷四十二　曆。

註四　一行，原名張遂。

註五　龜茲樂，庫車一帶。

註　六　疏勒樂，喀什噶爾附近之音樂。
註　七　康國樂，薩馬爾于音樂。
註　八　安國樂，即布喀爾音樂。
註　九　高昌樂，即吐魯番音樂。
註一〇　天竺樂，即印度音樂。
註一一　摩揭它，又名摩伽陀，在恆河下流，今孟加拉之西部。

第四節　唐時西域宗教之東傳

西域宗教之東傳，自漢代西域有佛教之東傳、迄魏、晉、南北朝至隋，唐時除佛教外，有祆教、摩尼教、景教、伊斯蘭教等，各教勢力之發展，有藉着傳教士、譯經師、商賈、使節均爲傳播及發揚宗教之先驅者，中國之天山南路是各宗教人仕駐集及發揚之地區。

㈠ 佛教之東傳及西行求佛法

唐代佛教之興盛，是藉着過去各朝代提倡所致，而西域來唐，傳播佛教者有：天竺之布如烏伐邪（Punyopaya）、慧智等二十一，康國法藏一人，于闐尉遲樂等四人，吐火羅、龜玆各一人，彼等對佛敎之傳揚，有極大之貢獻。

唐時，玄奘法師因受佛敎之影響，遂有西行求佛之意向。玄奘（註一）於唐太宗貞觀元年（西元六二七年），八月，經秦州、蘭州、涼州，至瓜州，過玉門關，渡沙漠，涉瀚海，至高昌北道諸國，然後越葱嶺至西突厥國境，歷覩貨羅境，至北天竺，又歷迦畢試（Kapisa）、犍陀羅（Gandhara）、烏仗那（Uddiyiana）、迦濕彌羅（Kasmira）等至中天竺，然後復至天竺諸國，研究天竺佛學十七年，歷一百三十餘國，於唐太宗貞觀十九年（西元六四五年）正月，返回唐之長安，攜回經典六百五十七部，後玄奘譯述七十五部，一千三百三十五卷，對中國佛學貢獻極大。其後有慧超、悟空等往西行求佛法。

㈡ 祆敎之東傳

祆敎卽拜火敎，又名火祆敎，爲波斯西部阿忒羅伯敦（Atropatene）人蘇羅阿斯德（Joroasten）所創，其經曰善德阿勿斯他（Zend Avesta），乃波斯薩贊朝初期所集而成，祆是「神」之意思，祆敎是一種二神敎，把世界上萬物，分爲善惡兩面，有陰、陽二神司之。陽神代表光明，爲衆善之本；陰神代表黑暗，爲萬惡之門。兩神時常爭鬪，但善常能制惡。

火是陽神之象徵，故拜火，更進而拜太陽。西域諸國凡信奉者，皆朝波斯。祆教之傳入是波斯人由天山南路漸傳入高昌、焉耆、于闐、疏勒諸國，由西至東傳入唐。

唐時，西方大食之回教勃興，波斯教被壓迫，波斯人亡東方者不少，火祆教遂盛於東土。唐高祖武德四年（西元六二一年），敕立祆寺四所於長安，並置薩寶、祆正等官，以掌教務，皆胡人充之。玄宗時曾禁止傳播祆教，武宗時更壓抑之，祆教因此日趨衰落。

(三) 摩尼教之東傳及其盛衰

摩尼教爲東漢末年波斯人摩尼（Mani）所創，亦稱明教，漢名曰末尼或末摩尼，先盛行於波斯，摩尼死後，其教傳播益廣，傳佈於小亞細亞、東羅馬、亞非利加北部，後被波斯禁斯傳佈，教徒乃北走索格底（註二），從此傳入天山南路。當時天山南路羅布泊附近有索格底人聚居，以摩尼教師爲傳教領袖，得以在天山南路傳佈摩尼教，當時之回紇人信奉摩尼教，並以此教爲國教。

則天后延載元年（西元六九四年），波斯人拂多誕持二宗經（註三）來朝，是摩尼教傳入中國之始。唐玄宗開元十年（西元七二二年），曾禁止在唐傳佈，但仍准西域人信奉。其後安史亂起，回紇助唐平亂有功，回紇人多奉摩尼教，因此其教日盛，徇回紇之請於代宗大曆三年（西元七六八年），六月，敕令置摩尼寺於長安，賜額「大雲光明之寺」，唐代宗大曆六年（西元七七一年），正月，又敕荆（註四）、越（註五）、洪（註六）等州，各置大雲光明寺一所，後在揚州（註七）置一所。至憲宗元和二年（西元八〇七年），正月，又許回鶻使者請，在河南、太原府置摩尼寺三所，由此可見摩尼教在黃河流域至大江南北之盛行。

唐室設置摩尼寺，純爲聯絡回紇。唐武宗因回紇爲黠戛斯所滅，於武宗會昌元年（西元八四一年），乃敕命江淮諸寺權停宣教。武宗會昌三年（西元八四三年），各地摩尼教徒紛起反抗，以致長安摩尼教徒死者七十二人，後將摩尼教徒配流諸道，死者過半。摩尼教因回紇失勢，唐恐摩尼教徒聲威過大，將造成禍亂，故禁止傳教，摩尼教因此衰落。

(四) 景教之傳入

景教爲基督教之別派，其始創人爲納司托留司（Nestorius），原爲東羅馬君士坦丁堡（Constantinople）東方教會之大主教，後來東羅馬皇帝視爲異端下令放逐，他與門徒逃往波斯，獲波斯薩珊王朝君主保護，得以在天竺及中亞一帶傳教。後大食滅波斯薩珊王朝，得大食君主信任，勢力遂盛。

唐太宗貞觀九年（西元六三五年），波斯人阿羅本攜景教經典至長安，太宗命譯成唐文。

太宗貞觀十三年（西元六三八年），太宗下詔於長安京義寧坊造大秦寺一所，當時名波斯寺，並度僧二十一人。高宗時，諸州各建波斯寺。玄宗天寶四年（西元七四五年），以景教出自大秦（註一〇），因而詔改波斯寺爲大秦寺。德宗建中二年（西元七八一年），大秦寺僧景淨，立大秦景教流行中國碑，陳述其教德業之盛。至於景教經典，唐時譯成中國文字有：大秦景教三威蒙度讚、一神論卷第三、序聽迷詩所經、志玄安樂經等，數達三十五種。唐武宗會昌五年（西元八四五年），景教與其他外教，同遭禁止，宣宗時，雖弛禁，但其教務日漸衰微，至於廢絕。

㈤ 伊斯蘭教之傳入

伊斯蘭（Islam）教，中國稱回教，又稱大食法、大食教度、回回教門，或曰清眞教。回教徒則稱穆斯林，係阿拉伯文Muslim之譯音，義爲服從，其創教人爲穆罕默德（Mohammed），卒於唐太宗貞觀四年（西元六三〇年）。

伊斯蘭教於高宗永徽二年（西元六五一年），分兩道傳於中國，水道先於陸路，而陸路爲傳教之主力。海道最初集中在廣州一帶傳教。安史亂後，大食人自海路來唐經商者日多，請於互市地區建寺佈道，於是傳播益盛，但只限於在南方。陸路方面，伊斯蘭教隨着大食勢力之東漸，傳入中亞，於高宗龍朔元年（西元六六一年），越阿姆河，花剌子模、薩馬爾干，而至天山南路葱嶺以西，又因回紇人信奉伊斯蘭教者衆多，故伊斯蘭教繼佛教之後，在天山南路日益盛行。

【附註】

註一　玄奘，俗姓陳，名禕，河南偃師縣人。

註二　索格底，康國都城，卽薩馬爾干。

註三　二宗經，卽摩尼經。

註四　荆州，今之湖北江陵縣。

註五　越州，今浙江紹興縣。

註六　洪州，江西南昌。

註七　揚州，江蘇江都縣。

註一〇　大秦，卽東羅馬帝國。

結論

唐代對西域之經營，分為兩個時期：一是太宗時代，另一是高宗至玄宗時代。開拓西域，則是太宗奠定基礎，至高宗、中宗、玄宗三時代，是發展至頂點時期。到安史之亂，唐便失去其在西域建立之霸權。

唐經營西域，首先是解除北方之邊患，太宗貞觀四年（西元六三〇年），先平東突厥，設置伊州，次招撫西域，再平定西突厥。唐置西州、庭州、安西都護府與安西四鎮，其目的是確定軍事據點，確保邊疆人民之安全。

唐高宗永徽二年（西元六五一年），阿史那賀魯叛亂，引起西域大動亂，其後六年至高宗顯慶二年（西元六五七年），西域經營幾乎陷於中斷，經討伐後，叛亂漸平，高宗龍朔元年（西元六六一年），由龜茲（于闐）以西，波斯以東十六國，皆設置都督府、州、縣、軍府，可見其在西域發展之快速；而另一方面，唐以羈縻政策安撫西域諸國，其在西域之勢力，可謂已達於頂點，可是到了高宗末期，吐蕃强盛，時常侵擾安西轄區，而西方之大食於此時勃興，向東發展，侵逼西域，唐在西域之發展，開始受阻。

吐蕃强盛之原因，具有强大軍事力量，吐蕃人民對棄宗弄讚歸順，因而生活環境安定，漸漸染上華風，學習唐之文化，並能吸收運用，乘唐室發生內亂之際，佔領西域廣大土地，成爲中唐時期以後最强大之邊疆部族。

唐代在中國邊疆史中，除政治、經濟外，文化之交流，也具備有重大之影響。唐對於西域文化之輸入，採取放任態度，因此，外來文化得以自由發展而不受排斥。唐代自漢以後，開拓疆土，遠逾中亞細亞，故中西交通往來頻繁，西域傳入中國之醫術、眼科、藥物多自波斯、天竺、大食、拂菻（大秦，卽東羅馬帝國）等地輸入；至於唐輸出西域的，商貨方面，仍以絲絹爲主，其次是手工藝如瓷器等，文化方面有書法、石刻碑版、造紙術等。

唐時宗教盛行，西域傳入中國之宗教，達於前所未有之階段，唐曾於兩京及西部諸州設寺，用以覊縻西域之祆教徒，此外許多外來宗教，如佛教、摩尼教、景教及伊斯蘭教在長安建寺，所以唐之長安是當時國際文化大都市。

綜合而言，唐經營西域，對西域諸國政治之發展、商貨之交易、文化之交流、宗教之傳播、藝術之發展，具有極重大貢獻。

參考書目

漢書	漢班固	大陸 中華書局
隋書	唐魏徵	大陸 中華書局
舊唐書	後晉劉昫	大陸 中華書局
新唐書	宋歐陽修、宋祁	大陸 中華書局
資治通鑑	宋司馬光	大陸 中華書局
唐會要	宋王溥	臺灣 世界書局
册府元龜	宋王欽若	臺灣 中華書局
大唐西域記	唐玄奘	上海人民出版社
西突厥史料	法沙畹 馮承鈞譯	臺灣商務印書館
突厥集史	民岑仲勉	中華書局 出版
中國西域經營研究史	日伊瀨仙太郎	日本 巖南堂書店

中國經營西域史　民會問吾　上海　商務印書館
新疆史　民張大軍　蒙藏委員會編印
吐蕃與唐朝關係之研究　民任育才　臺灣　莒光書局
中國歷史地圖　日箭內亙　臺灣　九思出版社
中國古今地名大辭典　民臧勵龢編　臺灣　商務印書館